Petra Frie

Wie Eltern Schule
mitgestalten
können

Nach der neuesten Fassung
der Rechtschreibregeln –
gültig ab August 2006!

Verlag an der Ruhr

Titel: **Elternhaus und Schule:**
Wie Eltern Schule mitgestalten können
Ein Handbuch für Lehrer und Eltern

Autorin: Petra Frie

Illustrationen: Magnus Siemens u. a.

Druck: Druckerei Uwe Nolte, Iserlohn

Verlag an der Ruhr

Alexanderstr. 54 – 45472 Mülheim an der Ruhr

Postfach 10 22 51 – 45422 Mülheim an der Ruhr

Tel.: 02 08 / 439 54 50 – Fax: 02 08 / 439 54 39

E-Mail: info@verlagruhr.de

www.verlagruhr.de

© **Verlag an der Ruhr 2006**
ISBN 10: 3-8346-0082-2 (bis 12/2006)
ISBN 13: 978-3-8346-0082-0 (ab 2007)

geeignet für alle Schulstufen

Gedruckt auf chlorfrei gebleichtes Papier.

Die Schreibweise der Texte folgt der neuesten Fassung
der Rechtschreibregeln – gültig ab August 2006.

Inhaltsverzeichnis

6 Vorwort

Kapitel 1 9 **Die Realität von Meinung, Vorurteil, eigener Historie und Erwartungen**

1.1 11 Die Historie der eigenen Schulerfahrung

1.2 14 Welches (Selbst-)Bild haben Schule – Lehrer – Eltern?

1.3 28 Erwartungshaltungen

Kapitel 2 35 **Praxistipps**

2.1 38 Das erste Kennenlernen

2.2 45 Der erste Elternabend

2.3 56 Eltern und Lehrer in Gremien

58 Schulpflegschaft

60 Schulkonferenz

63 Klassenpflegschaft

67 Fachkonferenzen

2.4 70 Der Elternsprechtag

2.5 82 Konfliktsituationen

87 Konfliktgespräch im Rahmen eines Elternabends

93 Konfliktgespräche mit einzelnen Schülern

2.6 111 Eltern als außerschulische Experten

113 Übergang Grundschule – weiterführende Schule

116 Übergang Schule – Beruf

118 Projekte im Schulalltag

122 Feste und Feiern im Schulalltag

2.7 124 Lehrer als Partner und Experten

Kapitel 3 129 **Ein kritisches Fazit**

137 Literatur- und Linktipps

Vorwort

Liebe Leserin! Lieber Leser!

Nichts ist beladener mit Vorurteilen als die Arbeit von Schule und Lehrerinnen und Lehrern. Genauso ist es, wenn es um *die* Eltern geht.

Von allen an Schule Beteiligten wird erwartet, dass sie funktionieren und ihrer Rolle als Experten für das Kind gerecht werden. Doch nichts ist schwieriger! Dieser Ratgeber ist eine Chance, Probleme aus der Sicht von Eltern aufzuzeigen – vielen Eltern werden die im Buch beschriebenen „Fälle" sicher bekannt vorkommen – und gemeinsam mit Lehrerinnen und Lehrern den Versuch zu unternehmen, **Mauern einzureißen und sich näherzukommen.**

Wenn Sie sich als Lehrer dafür interessieren, wie Sie Eltern effektiv und für beide Seiten befriedigend für Ihre Arbeit interessieren und in Ihre Arbeit einbinden können, und wenn Sie Eltern außerdem zu Ihren „Helfern" machen wollen, dann haben Sie die erste Hürde schon überwunden: Sie wissen, dass es ohne Eltern nicht geht. Vor einer Erwartung möchte ich warnen: Auch wenn Sie alles, was ich Ihnen „rate", umsetzen, werden Sie nicht alle Eltern überzeugen oder in die Schule holen können. Es lassen sich nicht alle Eltern und nicht alle Lehrerinnen und Lehrer „über einen Kamm scheren"!
Die Devise dieses Buches lautet: **Nutzen Sie als Lehrer das Potential der Eltern, die sich mitnehmen lassen! Und nutzen Sie als Eltern Ihre Möglichkeiten der aktiven Mitarbeit und Mitbestimmung in der Schule!**

Ich werde Ihnen anhand von **Praxisbeispielen** aufzeigen, wie eine gemeinsame Arbeit mit Sicherheit misslingt, aber vor allem, wie sie mit großer Wahrscheinlichkeit gelingt. Im Zentrum steht die **Kommunikation zwischen Lehrern und Eltern**: Wie finden sie eine gemeinsame Sprache und wie finden sie zu einem konstruktiven Miteinander. An vielen Stellen werden Sie sicher erstaunt sein, wie wenig es braucht, um gelingend miteinander zu kommunizieren und zu agieren.

So umfasst dieses Buch nur einen kurzen theoretischen Teil (Kap. 1). Der Schwerpunkt liegt auf den Praxistipps für eine gelingende Elternarbeit, die in Kap. 2 ausführlich erläutert werden. Innerhalb der Kapitel wird unterschieden zwischen:

Praxisbeispiel,

 Analyse des Beispiels,

 Verbesserungsvorschlag,

 Analyse des Verbesserungsvorschlags

 und praktischen Tipps.

Im Text werde ich auf die weibliche Form verzichten. Das erleichtert Ihnen das Lesen und seien Sie gewiss, dass ich uns Frauen an dieser Stelle immer miteinbeziehe. Wichtig ist mir der Hinweis, dass **alle Beispiele** auf wahren Begebenheiten beruhen, die ich im Laufe meiner aktiven Zeit als Elternvertreterin und meiner beruflichen Arbeit in der Elternberatung im Kontext Schule erleben und erfahren durfte. Die Nennung von Namen in diesen Beispielen unterliegt grundsätzlich der Willkürlichkeit und bezieht sich nicht auf real existierende Personen. Namentliche Ähnlichkeiten sind Zufall.

Ganz besonders **bedanken** möchte ich mich bei Karin Görtz-Brose und Anette Plümpe, liebe Mitstreiterinnen in Sachen Elternarbeit, die mich durch ihre Erfahrungen, Beispiele und Ideen so wunderbar unterstützt haben. Besonderer Dank gilt Kerstin Friedrich, die mir als „Praxisfrau von der anderen Seite" in vielerlei Hinsicht bereichernd zur Seite gestanden hat.

Nun viel Spaß beim Lesen und viel Erfolg in der Praxis!

Wie Eltern Schule mitgestalten können

Kapitel 1

Die Realität von Meinung, Vorurteil, eigener Historie und Erwartungen

Stellen Sie sich vor, Sie stehen im Supermarkt um die Ecke an der Kasse und kommen mit den anderen wartenden Kunden ins Gespräch. **Wenn Sie sie fragen würden, was ihnen spontan zum Thema Schule einfällt, was würden sie wohl antworten?**

In der Regel finden sich Stichworte wie Tafel, Kreide, Noten, schreckliche Zeit, Anstrengung, strenge Lehrer, nette Lehrer, renitente (Mit-)Schüler, Mathematik etc. Selten werden Menschen ausnehmend positiv und ohne Klischees antworten. Noch seltener werden Sie Stichworte wie Offenheit, Demokratie, Mitwirkung, Qualitätsmanagement oder Gleichbehandlung hören.

Bei der Vor- und Nachkriegsgeneration ist ein solches Resümee aus Erlebtem verständlich und historisch bedingt. Doch spätestens die Generation der 1968er sollte andere Perspektiven haben. Und unsere Schüler heute erst recht.

Das **Bild von Schule – Eltern – Lehrern** ist geprägt durch die eigene Erfahrung. Aus diesen Erfahrungswerten bilden sich unsere Erwartungen an uns selbst und „die anderen". Dieses Bild wird gespickt mit Klischees, Pauschalisierungen und Vorurteilen.

Sich einmal diesem Phänomen aus der Perspektive eines „Nicht-Lehrers" und „Nicht-Wissenschaftlers" zu nähern, ist wichtig, damit erkennbar wird, warum manche Verhaltensweisen zum Scheitern führen und Elternarbeit fast unmöglich machen, andere Verhaltensweisen jedoch Eltern in die Schule bringen, sie motivieren, aktiv zu werden, und sie zum Verbündeten von Schule und Lehrer machen.

Im Folgenden werden **Perspektiven, Meinungen und gängige Aussagen** zusammengebracht, die verdeutlichen sollen, wie Schule – Lehrer – Eltern allein und im Verhältnis zueinander geprägt sind. Gerade die Dinge, die unsere (Vor-)Urteile über andere Menschen prägen, beeinflussen unseren Alltag, unser Handeln. Diese Zusammenstellung erhebt nicht den Anspruch auf Vollständigkeit. Sie soll vielmehr einen kurzen Einblick in die Dinge geben, die uns alle in unserem Verhalten und unserer Meinung beeinflussen. Niemand und nichts soll bewertet werden. Manche Aussage mag Sie ärgern, aber sie ist keinesfalls abwertend gemeint. Versuchen Sie einfach mal den Perspektivwechsel.

1.1 Die Historie der eigenen Schulerfahrung

▦ Was prägt unser Bild von Schule?

In erster Linie ist unser Bild von „Schule" durch die **eigenen Erfahrungen** mit der Institution und den in ihr arbeitenden Lehrern und Schülern bestimmt. Dies zeigt uns, dass hier eine große Portion subjektiver Eindrücke für ein Gesamtbild herangezogen wird.

Hinzu kommen an zweiter Stelle die **Erfahrungswerte der Freunde und Verwandten.** Der eigene Horizont wird durch Parallelerfahrungen in der gleichen Klasse oder Schule sowie Bilder aus anderen Schulen und Schulformen – ebenso subjektiv gefiltert – erweitert.

Und dritter, nicht zu vernachlässigender Aspekt, ist die **Darstellung von „Schule" in den Medien;** geprägt durch die Reduzierung auf all das, was nicht funktioniert, und dies nicht erst seit Livingston, Erfurt und PISA.

Der Blick auf Schule ist darüber hinaus beeinflusst vom unmittelbaren **sozialen Umfeld**, in dem man aufgewachsen ist oder jetzt lebt. So ist es zweifellos ein erheblicher Unterschied, ob man im katholischen, ländlichen Münster oder Paderborn oder im multikulturellen, von Gastarbeitern und Arbeitslosigkeit geprägten Gelsenkirchen oder Essener Norden lebt(e).

Lassen Sie mich dies an einigen Beispielen aus der Sicht von Kindern verdeutlichen, die in den 1950er, 1960er und 1970er Jahren in Westdeutschland aufgewachsen und heute selbst Eltern oder Lehrer sind.

Die **1950er Jahre** waren die Zeit des wirtschaftlichen Aufstiegs, geprägt durch den Zweiten Weltkrieg. Strenge Disziplin war Voraussetzung für den Erfolg – gesellschaftlich und wirtschaftlich.

In den Familien galt das Radiogerät als Luxus. Die Abende wurden mit Gesellschaftsspielen verbracht und das wöchentliche Bad war ein Familienereignis.

Die Welt war überschaubar, geprägt von Entbehrungen, und unterlag strengen Regeln. Die Schulen waren Volksschulen und nur die höhere Schicht des Bürgertums konnte es sich leisten, ihre Kinder auf Gymnasien zu schicken. Die Klassen waren groß, mit mindestens 40 Schülern, und sehr heterogen. Der Lehrer besaß hohes Ansehen, da er zumeist der einzige Mensch neben dem Pfarrer in einer Gemeinde war, der über höhere Bildung verfügte. Sein hohes Ansehen bedeutete auch, dass er seine Werte rigoros in der Erziehung seiner Schüler umsetzen konnte. Prügelstrafen gehörten zur Tagesordnung. Vergehen in der Schule wurden sowohl in der Schule als auch in der Familie unverzüglich geahndet. Körperliche Züchtigung und gnadenlose verbale Urteile gehörten zum schulischen Alltag und fanden breite elterliche Unterstützung.

Die **1960er Jahre** sahen schon etwas anders aus: Die Wirtschaft brachte technische Fortschritte, wie z.B. die Waschmaschine, und das Automobil wurde auch für das Portmonee des kleinen Mannes erschwinglich. Frauen gingen vermehrt arbeiten und unterstützten die Haushaltskasse. Der Italienurlaub wurde

modern und damit auch der Blick über die eigenen Grenzen. Musik der Beatles und Rolling Stones wurde immer mehr zum Standardprogramm der deutschen Radioprogramme. Das Fernsehen hielt Einzug in die deutschen Wohnzimmer, Barbie und Lego in die Kinderzimmer.

Die Volksschule lief aus, aber die Größe der Klassenzimmer blieb, denn die geburtenstarken Jahrgänge forderten ihren Tribut. Die ersten Kinder der Gastarbeiterfamilien gingen in die deutsche Schule. Im ländlichen Bereich waren sie Exoten; im Ruhrgebiet war ihre Anzahl nicht unerheblich. Das mehrgliedrige Schulsystem wurde klar begabungsorientiert aufgebaut: die Hauptschule für die Arbeiter (praktisch Begabten), die Realschule für die Bürokratie und den Kaufmann, das Gymnasium für die zukünftigen Akademiker. Hinzu kam die Diskussion um den Sinn autoritärer Erziehung. Sind Ohrfeigen ein adäquates Erziehungsmittel? Die antiautoritäre Erziehung entwickelte sich als Gegenpol zur eigenen Erfahrung von Erziehung.

So spielte sich auch Schule ab: Entweder war Schule restriktiv und streng hierarchisch (prügeln statt reden) oder aber sie war geprägt durch Lehrer, die genau diese Vorgehensweisen hinterfragten und sich auf die Seite der verletzten und missachteten Schüler schlugen. Es durfte diskutiert werden. Kinderfreundlich, repressionsfrei wollte man sein. Das gleiche Spiel in den Familien: Viele Kinder werden nach strengen Wertevorstellungen erzogen, andere wachsen „wertefrei" auf. Schon in dieser Zeit wird Elternarbeit zur Herausforderung.

Die Erfahrung von Schule in dieser Zeit ist dementsprechend ambivalent.

In den **1970er Jahren** war die Richtung schon wesentlich gradliniger. Es gab in fast jedem Haushalt Fernsehen, das einen Blick in die weite Welt ermöglichte, und eine Vielzahl der Haushalte verfügte über ein Auto. Die Schullaufbahn war nicht mehr unabänderlich mit dem sozialen Status verbunden. Mehr Arbeiterkinder sollten ins Studium, das war politisch gewollt und gesellschaftlich nicht immer unumstritten. Nicht immer wurde Leistung gleich gewertet. Oftmals war der soziale Rang der Familie ein Bonus.

Die erste Oberstufenreform prägte das neue Bild von Schule: jeder Schüler nach seinen Stärken – will heißen, es gab kaum Vorgaben für die Fächerwahl, um das Abitur zu erlangen. Diskussionen gehörten zum Unterricht. Die eigene Meinung war gefragt. Politisches und soziales Engagement prägten auch den Unterricht. Während die jüngeren Lehrer dies forderten und stärkten, hatten ältere Lehrer ein Problem mit dieser Art der Kommunikation und fühlten sich in ihrer Autorität untergraben. In diesem Spagat befand sich auch die Elternarbeit, irgendwo zwischen offener Diskussion und konservativem Werte- und Weltverständnis.

Schule heute ist eng verbunden mit diesen Erfahrungen. Sowohl Lehrer als auch Eltern der Schüler sind geprägt worden von Autorität, hierarchischem Denken, Prügel und Missachtung versus Laissez-faire, Meinungsfreiheit, individueller Förderung. Mit diesen Erfahrungen, diesem Bild von Schule, gehen wir in die Schule von heute und knüpfen daraus – individuell begründet – unsere Anforderungen an eine moderne, der heutigen Gesellschaft angepasste Schule: So wie bei uns, darf sie nicht sein. Aus dieser Zeit sind wir doch wohl raus!

Schule heute sollte sich fundamental von dem unterscheiden, was Schule vor 20, 30 oder 40 Jahren ausmachte. Die Gesellschaft hat sich verändert. Familien haben sich verändert und die Ansprüche an Schule, Schüler, Lehrer und Eltern ebenso. Doch leider wird Schule in der Regel auch heute als restriktive Institution erlebt, „ausgeliefert" den politischen Windrichtungen und leider oftmals ohne klare, pädagogisch geprägte Konzepte. Eine Schule, die sich nur unter großen Anstrengungen Reformen stellt und Veränderungen aktiv bewegt. Dies gilt sowohl für Lehrer als auch Eltern. Eine Zwickmühle zwischen Wollen und Können, Klammern und Loslassen also, die es mit viel Optimismus, Ausdauer und Selbstbewusstsein zu lösen gilt. Eine positive Atmosphäre, ein gemeinsames Miteinander in der Zusammenarbeit mit Eltern ist eine wichtige Komponente auf dem Weg aus diesen Widersprüchen.

1.2 Welches (Selbst-)Bild haben Schule – Lehrer – Eltern?

■ Was muss, was soll, was will man leisten?

Das (Selbst-)Bild von Schule

Was ist eigentlich ihre Aufgabe?

Nichts ist zurzeit ideologisch umstrittener als Schule. Was Schule ist, welche Ziele sie für sich definiert und wie sie diese umsetzt, ist stark vom Bild der Schulform abhängig. Hier prallen historisch geprägtes Selbstverständnis und der gesellschaftliche und wirtschaftliche Wandel heftigst aufeinander.

Die **Grundschule** ist der Ort, an dem die Grundlagen für das weitere Lernen und Leben gelegt werden. Schon lange hat die Grundschule entdeckt, dass es nicht mehr ausreicht, sich ausschließlich auf Lesen, Schreiben, Rechnen zu konzentrieren. Alternative Unterrichtsmethoden, selbstständiges Lernen und Problemlösen, fächer- und jahrgangsübergreifender Unterricht sind hier schon lange Thema und vielerorts auch Praxis. Der Umgang mit heterogenen Gruppen und somit der Vielfalt von Kindern und Eltern mit ihren ureigenen Fähigkeiten gehört zum Alltag. Freiarbeit und Wochenplan, Projektarbeit, Experimentieren und individuelle Förderungen sind Realität.

In der Grundschule sind auch viel mehr Eltern zur Mitarbeit bereit. Zum einen spielen natürlich die räumliche Nähe und die Tatsache, dass Grundschulkinder noch wesentlich stärker von ihren Eltern behütet werden, eine große Rolle. Andererseits werden die Eltern viel stärker und schneller in die Erfolge ihrer Kinder eingebunden. In der Grundschule wird z.B. gefeiert, wenn alle Kinder die Buchstaben des Alphabets schreiben können. In NRW gibt es schriftliche Leistungsbeurteilungen statt Noten in den ersten zwei Schuljahren. So werden die Kinder nicht auf eine Note reduziert, was ein ganz anderes Gespräch über die Fortschritte und Förderbedarfe ermöglicht, auch wenn sowohl Lehrer als auch Eltern sich schwer tun mit dieser Leistungsbeurteilung, da sie nicht in unsere Welt zu passen scheint. Die Elternarbeit ist vor diesem Hintergrund oftmals also ein sehr gutes, gelingendes Miteinander.

Die Schulleiterin eines Gymnasiums sagte mir einmal, sie würde sich wünschen, dass ihre Kollegen sich damit auseinandersetzen würden, was diese Kinder nach der vierten Klasse an Fähigkeiten mitbringen. Ihr scheine es oft so, dass die weiterführende Schule alle guten Voraussetzungen mit dem ersten Tag aus ihrem Unterricht verbanne. Ich bin der Überzeugung, dass dies auch für die Elternarbeit gilt. Das austauschende, ergänzende Miteinander, orientiert am gemeinsamen Ziel, scheint mit dem Übergang in die weiterführende Schule einen beiderseitigen Perspektivwechsel zu erfahren.

Die **Hauptschule** ist das Sorgenkind. Die Vorstellung von der Schule für die praktisch Begabten wird den Aufgaben der Hauptschule von heute nicht mehr gerecht.

Der Anteil der nicht deutsch sprechenden Schüler und Eltern ist immens hoch. Die Zahl der Schüler aus bildungsfernen Schichten, die ihre Kinder kaum unterstützen, ebenso. Erschwerend kommt die Tatsache hinzu, dass eine hinreichende Anzahl von Ausbildungs- und Arbeitsplätzen für den „praktisch begabten" Schüler kaum noch von der Wirtschaft und Industrie zur Verfügung gestellt wird. Das Berufsbild des Hilfsarbeiters verschwindet unaufhaltsam aus der Arbeitswelt. Verschiedenste wissenschaftliche Studien belegen seit Jahren, dass unsere Gesellschaft sich zu einer Wissensgesellschaft wandelt. In dieser Gesellschaft ist eine gute Bildung, die wenig spezialisiert ist, gefragt. Die sogenannten Basiskompetenzen werden erwartet, angefangen mit sinnerfassendem Lesen und der Anwendungsfähigkeit der Grundrechenarten. In den Unternehmen haben ziel-, problemlösungs- und teamorientiertes Arbeiten einen hohen Stellenwert und sind einstellungsrelevant. Bringt der Auszubildende diese Fähigkeiten mit, kann er sich problemloser spezialisieren. Gutes Fachwissen ohne die Fähigkeit, problem- und lösungsorientiert zu arbeiten, wird inzwischen viel weniger geschätzt.

Die **Realschule** bildet nicht mehr den typischen Bankkaufmann oder Beamten aus. Seit vielen Jahren steigen die Übergänge in die gymnasiale Oberstufe und in die Berufskollegs. Die Wirtschaft stellt höhere Ansprüche an Auszubildende in diesen Berufsfeldern, auch weil vermehrt Abiturienten in diese Bereiche streben. Die klassischen Handwerksberufe wie Maler, Tischler, Elektro- und KFZ-Mechatroniker setzen heute die Fachoberschulreife voraus.

Denn auch diese Berufe haben einen Wandel weg vom Schraubenschlüssel hin zum Computer durchlaufen. Hier reichen schon seit langem die praktischen Begabungen, einen Schraubenschlüssel ansetzen und eine Brems- von einer Ölleitung unterscheiden zu können, nicht mehr aus. Und auch hier sind die Anforderungen der Industrie- und Wirtschaftsunternehmen verstärkt auf die bereits genannten Basiskompetenzen ausgerichtet.

Das **Gymnasium** versteht sich weiterhin als der Ort, an dem Schüler zur Studier-fähigkeit geführt werden. Der Tatsache, dass jedoch unter 30 % aller Abiturienten ins Studium gehen, wird dieser Sicht nicht gerecht. Das Verständnis von

Allgemeinbildung in Form abrufbarer Jahreszahlen, Namen und mathemati-scher Formeln ist überholt. Die Fähig-keit, eine Antwort selbst zu finden, eine mathematische Formel komplex anwenden zu können, Recherche und Umgang mit der Informationsvielfalt von heute, sind die geforder-ten Basiskompetenzen.

Soziale Kompetenzen wie Teamfähigkeit stehen stärker im Mittelpunkt als Latein und Geschichte. Trotzdem ist das Selbstverständnis unverändert, die Unterrichts-praxis und -inhalte wenig flexibel.

Die **Gesamtschule** ist die Schulform, die am meisten politisch und ideologisch umstritten ist. Der Anspruch, alle Kinder individuell so zu fordern und zu fördern, dass sie den für sie höchstmöglichen Schulabschluss erreichen können, ist für viele Menschen nicht wertfrei zu diskutieren.

Das Verständnis dieser Schule ist am Schüler und nicht am Abschluss orientiert oder dem damit verbundenen gesellschaftlichen Status. Der Unterricht ist auf diese Vielfalt ausgerichtet. Fächerübergreifender Unterricht wie Naturwissen-schaften und Gesellschaftslehre geht von der Annahme aus, dass man Dinge nicht nur von einer Seite betrachten kann.

Mit diesen Grundsätzen „verstößt" die Gesamtschule gegen alle gängigen Vor-stellungen von Schule und Unterricht. Dies wurde gerade erst im Landtagswahlkampf NRW in 2005 besonders deutlich. Doch gerade die Ausrichtung auf umfassende Kompetenzentwicklung wird den Ansprüchen der Gesellschaft in vieler Hinsicht gerechter. Die Entwicklung von der Teamarbeit auf Fach- und Jahrgangsebene ist zurzeit als Ort der Qualitätsentwicklung in aller Munde. In der Gesamtschule wird diese Form der Zusammenarbeit bereits seit über 30 Jahren in den Kollegien praktiziert. Leider lassen die ideologischen Barrieren die Vorteile und guten Beispiele für eine effektive Arbeit mit heterogenen Gruppen verschwinden. Gesamtschulen werden ausschließlich an den negativen Dingen gemessen.

Über das Selbstbild von Schule, ihre Aufgaben und Ziele lässt sich vortrefflich streiten. Doch wird man mit dieser Diskussion der gesellschaftlichen Aufgabe von Schule gerecht? **Sollte man nicht davon ausgehen können, dass alle Schulen das gleiche Ziel verfolgen:** Die Befähigung unserer Kinder, ihr Leben in Zukunft eigenständig und verantwortungsvoll selbst gestalten zu können? Sie zu vollwertigen, sozialen Mitgliedern unserer Gesellschaft zu erziehen? Sie zu gebildeten, informierten und kritischen Menschen auszubilden? Sollten diese Aspekte nicht gleichermaßen für Eltern und Lehrer gelten? Ihre Arbeit bzw. ihre Erziehung prägen? Warum prallen die Vorstellungen und Ansprüche von Elternhaus und Schule genau an dieser Stelle so oft aufeinander? Im Praxisteil werde ich versuchen, beispielhaft durch die Gegenüberstellung von Misslingens- und Gelingensbedingungen zu verdeutlichen, wie „man" Fronten niederreißen kann bzw. erst gar nicht aufbaut.

Die Formulierung eines grundlegenden Ziels für Schule und Bildung ist nicht Bestandteil unserer Bildungsdiskussion nach PISA. Im Grunde geht es um den Erhalt vorhandener, alter Strukturen. Um den Erhalt eines starren Verständnisses von Leistung und der Annahme, dass diese von Natur aus gewollt sein muss und der Wille dazu nicht oder nur schwer geweckt werden kann. Nihilismus statt Aufbruchstimmung.

Dass unsere Schule so, wie sie sich jetzt versteht, national und international umstritten ist, hat für uns nur eines zur Folge: die Suche nach dem Schwarzen Peter, dem Verursacher des schlechten Image.

Erbitterte Diskussionen werden geführt, wenn man sich möglichen Verursachern des Negativbildes und damit verbundenen Lösungsansätzen widmet. Finanzielle Möglichkeiten und Notwendigkeiten klaffen eklatant auseinander. Gesetzliche

Vorgaben und schulische Notwendigkeiten scheinen sich an vielen Stellen zu widersprechen.

Der Schwarze Peter ist jedoch schnell gefunden: Die Politik schafft einen Paragraphen-Dschungel, die Gesellschaft erkennt die Arbeit der Lehrer nicht an, die Eltern kommen ihrem Erziehungsauftrag nicht nach und die Schüler sind nie so, wie man sie gerade braucht.

Kein anderes System ist so unflexibel, sich gesellschaftlichen und wirtschaftlichen Veränderungen anzupassen, wie Schule (Schule im Sinne von Schulaufsicht-Lehrer-Eltern).

Jeder Versuch ist gekennzeichnet von Widerstand, Hektik, Geldmangel, Ideologien, Paragraphen und der festen Überzeugung, dass das, was früher galt, heute nicht falsch sein kann.

Wir, die in Schule engagierten Eltern, Lehrer, Wissenschaftler und Politiker, diskutieren bereits seit 30 Jahren mit den gleichen Argumenten über eine Bildungsreform und sind uns eigentlich einig, dass etwas geschehen muss. Nur können wir uns so schlecht von scheinbar Altbewährtem trennen.

Dieses Selbstbild von Schule überträgt sich auf Lehrer, Eltern, Schüler und beeinflusst das Miteinander gravierend.

Das Problem ist: Diese Diskussionen haben uns noch keinen Schritt weitergebracht – aber sowohl das gesellschaftliche Bild als auch das Selbstbild von Schule und den Umgang miteinander maßgeblich geprägt! Oftmals scheint man nicht einmal das gleiche Grundziel zu verfolgen: das Wohl des Kindes. Gibt es ein Problem mit Schülern, sind die Gespräche zwischen Eltern und Schule eher konflikt- als lösungsorientiert. Um diesen Knoten zu lösen, werden im Praxisteil grundlegende Bedingungen für ein positives Klima vorgestellt, die ein konstruktives Miteinander von Eltern und Lehrern fördern.

Das (Selbst-)Bild des Lehrers
Was ist meine Aufgabe?

In einer Fortbildung im Mai 2003 definierte ein Lehrer aus dem Saarland sehr eindrücklich, welche drei Formen des Selbstverständnisses von Lehrern es seiner Meinung nach gibt:

▸▸ **Der genetisch bedingte Lehrer** – in seiner Familie sind fast alle Frauen und Männer Lehrer. Andere Berufsvorstellungen schließen sich aufgrund fehlender Vorbilder und Erfahrungen aus.

▸▸ **Aus Hobby wird Beruf** – die Vorliebe zu einem bestimmten Fach führt zum Studium desselben und der Vorstellung, Schüler von der Wichtigkeit dieses Faches zu überzeugen, sie bis zur Perfektion in diesem Fach zu unterrichten. Er geht davon aus, dass Schüler diese Vorliebe vorbehaltlos teilen.

▸▸ **Der Pädagoge** – sein Interesse gilt der Befähigung von Kindern, ihre Fähigkeiten auszubilden und sie zu selbstständigen, vollwertigen Mitgliedern unserer Gesellschaft zu machen. Um dies umsetzen zu können, sucht er sich eine Fächerkombination, die ihm dies ermöglicht und seinen Neigungen entspricht.

Über diese Kategorisierungen mag man streiten können, aber im Grunde kommen sie der Realität doch sehr nahe.

Eine sachliche Diskussion zum Selbstverständnis scheitert in der Regel daran, dass die Frage, warum jemand Lehrer geworden ist, immer auch vor dem Hintergrund der eigenen Erfahrung mit diesem Berufsstand abläuft (siehe Kap. 1.1 „Historie der eigenen Schulerfahrung").

Wie alle Berufsbilder ist auch das der Lehrer mit einer Reihe von Klischees und Vorurteilen verbunden. Neben den geradezu historischen Argumenten bezüglich Beamtentum und Halbtagsjob kommen in den letzten Jahren verstärkt die veränderten alltäglichen Erfahrungen von Beschäftigten in der freien Wirtschaft hinzu, die Lehrer **unflexibel und reformresistent** erscheinen lassen. Erstmals wird öffentlich die Frage nach leistungsdifferenzierter Bezahlung, nach Entlastungsstunden für vorbereitungsintensivere Fächerkombinationen, nach Personalentscheidungen seitens der Schulleitungen, nach Qualitätsentwicklung und -sicherung gestellt. Die Frage nach der Evaluation von Unterrichtsinhalten und -methoden löst heftigste Diskussionen aus.

Es gibt Lehrer, die es für absolut indiskutabel halten, ihre Arbeit in Frage zu stellen. Sie definieren sich über ihre Arbeit und haben große Schwierigkeiten, sich der Frage zu stellen, wie effizient ihre Arbeit ist. Es scheint tabu zu sein, zu fragen, ob die Ursache für unterdurchschnittliche Notenergebnisse einer Lerngruppe in der Didaktik des Lehrers zu suchen sein könnte.

Zur Verdeutlichung ein **Beispiel**: der Drittelerlass. Fällt eine Arbeit so schlecht aus, dass mehr als ein Drittel der Schüler mit 4– oder schlechter benotet wird, so muss der Schulleiter die Klassenarbeit genehmigen oder entscheiden, dass die Arbeit noch einmal geschrieben wird. Oder der Fachlehrer hebt seinen Notenspiegel durch eine Neuordnung seiner Bewertungskriterien (Ausnahme wäre natürlich die Parallelarbeit). Welches Fazit wird aus dem schlechten Abschneiden der Schüler gezogen: Sie haben den Stoff nicht gelernt. Die Eltern haben nicht dafür gesorgt, dass die Schüler für die Arbeit gelernt haben. Die Frage, ob der Lehrer alles getan hat, damit die Schüler den Stoff verstehen konnten, verbietet sich oftmals.

Es gibt eine Vielzahl von Lehrern, die durchaus aktiv an der Diskussion teilnehmen, um die neuen Aufgaben zu bewältigen. In der Regel haben sie wenig Einfluss auf den Schulalltag. **In vielen Schulen engagiert sich die Mehrheit der Lehrer über das normale Maß hinaus** – was immer man auch als „normal" definiert. Lediglich ihr Einfluss auf die allgemeine Stimmung und Atmosphäre ist zumeist sehr gering. Frustration ist das Ergebnis, wenn neue Ideen, Projekte zur Unterrichtsentwicklung von zumeist älteren Kollegen „vom Tisch gefegt werden".

Deutlich wird dies an dem Erfahrungsbericht einer Mathematiklehrerin. Frustriert erzählte sie, dass sich zunächst die Lehrerkonferenz deutlich für ein jahrgangs- und fächerübergreifendes Unterrichtskonzept ausgesprochen hatte. Letztendlich konnte dieses Konzept jedoch nicht umgesetzt werden, weil die Mehrheit der Kollegen der Ansicht war, dass es doch seit Jahren gut laufe und man durch solche Neuerungen nur Unruhe stifte, ohne etwas zu verbessern.
Hier scheinen gruppendynamische Prozesse zum Tragen zu kommen, die Außenstehenden wenig transparent zu machen sind.

Es ist Tatsache, dass Evaluationsinstrumente, Qualitätsentwicklungsmechanismen, Diagnose von Defiziten, pädagogische Interventionsmöglichkeiten sowie Grundlagen der Kommunikation und Konfliktlösung nicht im Curriculum für **Lehramtsstudenten** stehen. Das wird öffentlich benannt und diskutiert, aber nicht geändert.

Der Alltag im Referendariat und auch später fordert diese Fähigkeiten jedoch nachdrücklich. Und so geht es leider oftmals nach dem „Try-and-Error-System". Der Lehrer wird durch den harten Weg der Praxis zum Pädagogen „erzogen" – Pädagogik im autodidaktischen Selbststudium. Je nachdem wie gut er diesen Weg absolviert, wie viel Hilfestellung er bekommt, entwickelt sich auch sein (Selbst-)Bild und seine Verhaltensmuster im Unterricht und in der Elternarbeit.

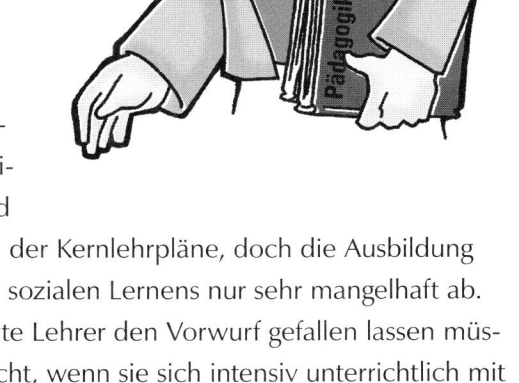

Im Gegenzug stellen die Abnehmer unserer Schüler, die **Wirtschaft**, immer höhere Ansprüche an die Ausbildung in der Schule. Unterrichtseinheiten zum Thema Arbeitstechniken und soziales Lernen sind zwar Bestandteil der Kernlehrpläne, doch die Ausbildung deckt vor allem die Komponente des sozialen Lernens nur sehr mangelhaft ab. Auch werden sich weiterhin engagierte Lehrer den Vorwurf gefallen lassen müssen, sie vernachlässigten den Unterricht, wenn sie sich intensiv unterrichtlich mit diesen Themen beschäftigen.

PISA hat uns Bildungsstandards, Lernstandserhebungen und zentrale Abschlüsse beschert. An sich gute Dinge, die jedoch daran scheitern, dass sie aus dem Nichts kommen und ungefiltert auf den schulischen Alltag gestülpt werden, ohne zu berücksichtigen, dass sie dort erst einmal implementiert werden müssen. Ganz zu schweigen von der Verkürzung der Schulzeit ab Sommer 2005. Die leeren Kassen unserer Schulträger stellen Schulen vor scheinbar unlösbare Probleme. Gut laufende Projekte und Unterrichtsmodelle finanzieren sich nicht von allein. Lehrerengagement wird zugunsten finanzieller Entscheidungen ad absurdum geführt. Selbstständige Schulen bringen Komponenten aus der freien Wirtschaft in die

Schule, die Ängste auslösen. Schulleitungen mit Personalgewalt schüren Ängste vor subtilen, subjektiven Maßnahmen. Die Angst vor einem Schul-Ranking greift um sich.

Hohe Einsatzbereitschaft von Lehrern ohne Entlastung, Teamarbeit, Phantasie auf dem Weg der optimalen Förderung der Schüler, finanzielle Unmöglichkeiten überwinden – das alles prägt den Lehreralltag und natürlich das (Selbst-)Bild.

Über diese Aussagen kann man kontrovers diskutieren. Es ist jedoch Fakt, dass dieses Bild in der Öffentlichkeit überwiegt und von verschiedenster Seite in verschiedenster Form genährt wird.

Vor diesem Hintergrund versteht sich dieser Ratgeber als eine Hilfestellung, die sich nicht dadurch auszeichnet, viel Zeit zu binden und somit zur Mehrbelastung zu werden, sondern die eigene Wahrnehmung zu sensibilisieren und auf diesem Wege Elternarbeit zu gestalten.

Das (Selbst-)Bild der Eltern
Was ist unsere Aufgabe in der Schule?

Eltern haben die Aufgabe, ihre Kinder zu sozialen Wesen zu erziehen, ihnen die Grundwerte unserer Gesellschaft zu vermitteln und sie bestmöglich in ihrer Entwicklung zu unterstützen. Diese Aufgabe beinhaltet auch, dass Eltern Experten in Sachen medizinischer Versorgung, Erkennung von Defiziten und Problemen in allen Unterrichtsfächern ab dem ersten Schuljahr und der Berufswahl sind.

Entwickeln sich ihre Kinder nicht der Norm entsprechend, sind die Eltern in der Verantwortung. Diese Aufgabe orientiert sich an den kulturellen Gegebenheiten. Somit ist in unserer pluralistischen Gesellschaft eine Vielfalt von Werten und Normen gegeben, die sich immer auch in Anlehnung an in unserem Land geltenden Werten und Normen orientieren soll. Die Belastung des Alltags für Familien erfordert mehr denn je professionelle Hilfestellung in Fragen der Erziehung. Wertevermittlung, familiäre Regelwerke in einer Gesellschaft, die sich in unglaublicher Geschwindigkeit entwickelt, sind eine große Herausforderung, der längst nicht mehr alle Eltern gewachsen sind. **Offener Austausch der Eltern unterein-**

ander und im **Gespräch mit den Lehrern** bietet eine gute Grundlage niederschwelliger Hilfestellung und der Entwicklung eines „Expertentums" von Eltern für Eltern, das sich positiv auf das Schul- und Klassenklima auswirkt. Da, wo Eltern nicht mehr weiterkommen, darf nicht der Stempel des Scheiterns aufgedrückt werden, sondern muss Problemlösung mit Hilfe des Experten „Lehrer" greifen.

In den **Kindertageseinrichtungen** ist es inzwischen Alltag, dass Erzieherinnen z.B. in verschiedensten Diagnoseverfahren ausgebildet sird, um Eltern in Diagnose und Therapie von Defiziten zu unterstützen. Auch die Zusammenarbeit mit Therapeuten und Institutionen der Jugendhilfe im weitesten Sinne ist hier selbstverständlich. Die Integration von Kindern mit Migrationshintergrund hat einen viel höheren Stellenwert. Gleiches gilt für die Grundschule.

In der **weiterführenden Schule** sieht dies noch ganz anders aus. Lehrer sind in der Regel nicht in Diagnoseverfahren ausgebildet, ausgenommen sie haben sich fortgebildet. Die Zusammenarbeit mit der Jugendhilfe wird oftmals als Einmischung in die eigene Arbeit verstanden. Ähnlich sehen dies auch Eltern. Das Gefühl des Scheiterns, des absoluten persönlichen Versagens scheint so besiegelt zu werden. Das zumindest suggeriert unsere Gesellschaft den Eltern, die sich Hilfe holen „müssen".

Eltern lernen sehr schnell, dass sie verantwortlich für die Defizite ihrer Kinder sind. Sie sind verantwortlich für Diagnose und Therapie. Hilfe zu suchen, heißt Schwächen einzugestehen und wird gleichgesetzt mit dem Entzug der Erziehungsrechte.

Eine schwierige Situation, die die Kommunikation zwischen Schule und Eltern nicht erleichtert. Kommen kulturelle Werteverschiebungen hinzu, die nicht in gegenseitigem Respekt aufgelöst werden können, bauen sich schier unüberwindliche Hindernisse auf. Beispielhaft sei hier die Diskussion um die Schulverweigerer in

Ostwestfalen-Lippe genannt, die aus religiösen Gründen den Besuch einer „normalen" Grundschule ablehnen.

Wie erleben Eltern sich in Schule? In der Regel trifft man sich zu den **Klassenpflegschaftssitzungen** und an den **Elternsprechtagen**.

In den Klassenpflegschaftssitzungen werden Eltern darüber informiert, was in der Schule geschieht, was die Schüler zu tun und was Eltern sicherzustellen haben. Die Rollenverteilung ist klar: Der Lehrer sagt, was er braucht, und die Eltern geben. Geschieht dies pauschal statt differenziert und transparent, kommen Eltern schnell in die Situation, sich als alleinverantwortlich für die Erfüllung der Lehrererwartungen zu sehen. Was, wenn Eltern dies nicht problemlos leisten können, z.B. aus kulturellen oder auch sozialen Gründen?

Bei Klassenfeiern und Schulfesten ist es selbstverständlich, dass Eltern basteln, Kuchen backen, Würstchen grillen, auf- und abbauen. Hier ist „man" auch gerne interkulturell, denn an keiner anderen Stelle kann man unterschiedliche Traditionen und Kulturen so wertfrei zusammenführen.

Und **Elternsprechtage** heißen vielleicht nicht zu unrecht „Elternpetztage": Lehrer sagen den Eltern, was nicht funktioniert und erwarten von ihnen Abhilfe.

Die historische Schulerfahrung sagt den Eltern, dass der Lehrer nicht zu kritisieren und prinzipiell der Fachmann in den Fragen rund um Schule ist. Konfliktgespräche sind oftmals nicht bereichernd, sondern abschreckend.

Andererseits gibt es klare **Gesetzesvorgaben**, wie und wo Eltern in der Schule mitwirken sollen. Das geht weit über Kuchen backen und Abhilfe schaffen hinaus. Interessant wäre einmal eine Umfrage zum Thema: Wie oft finden etwa in der Schule Pflegschaftssitzungen und Schulkonferenzen statt? Welche Fragen werden in diesen Sitzungen gemeinsam bearbeitet? Gibt es zu den Aufgaben der Schulkonferenz gegebenenfalls auch Steuergruppenarbeit unter Beteiligung von Eltern und Schülern? Wie oft, wie umfassend und von wem werden Eltern informiert? Mancherorts würde eine solche Befragung erschreckende Ergebnisse hervorbringen!

Hand aufs Herz: Sind Eltern für Sie Partner oder „Kontrahenten"?

Zusammenfassend bleibt die Feststellung, dass sich die Mehrheit der Eltern in Schule damit konfrontiert sieht, versagt zu haben, nicht die richtigen Kinder „produziert" zu haben und beratungsresistent zu sein. Aber sie sind gut im Kuchenbacken.

Die **Arbeit der Lehrer oder der Schulleitung zu hinterfragen**, ist das schwierigste Terrain, auf dem sich Eltern bewegen können. Wobei sicher niemand in Frage stellen wird, dass es auch im Berufsfeld der Lehrer und Schulleiter gute und weniger gute Vertreter gibt, die es durchaus zu kritisieren gilt. Doch spätestens hier werden Eltern in ihre Schranken gewiesen: Lehrer sind Experten und wissen, was sie in ihrem Unterricht tun! Da kann sich das berufsfremde Elternteil nicht einmischen! Warum? Unterscheiden sich die Anforderungen an den Lehrerberuf so sehr von denen anderer Berufe?

Der **Alltag der Eltern**: Immer mehr Mütter und Väter sehen sich tagtäglich mit der Frage konfrontiert, ob sie am Abend noch ihren Job haben, ob sie den Ansprüchen des Chefs genügen können. Überstunden ohne Bezahlung sind Alltag. Lohnverzicht, um den Job behalten zu können, ist Alltag. Zusätzliche Aufgaben übernehmen ohne Entlastung oder zusätzliche Stundenkontingente sind Alltag. Ständige Weiterbildung, Flexibilität und die Grundeinstellung, dass der Job vor Familie und allem anderen stehen muss, ist Alltag. Berufstätige Eltern, die jeden Tag Rechenschaft darüber ablegen müssen, ob sie Qualitätsarbeit leisten, flexibel sind, teamfähig und immer für den Arbeitgeber da; die sich selbst regelmäßig bewerten müssen und von ihrem Vorgesetzten bewertet werden, sind die Regel.

Die Zahl der Alleinerziehenden nimmt stetig zu. Ebenso die Zahl der Familien, die täglich um ihre Existenz kämpfen müssen, weil Arbeitslosigkeit und Schulden das Leben bestimmen. Und mittendrin die Familien, die sich nur dann einigermaßen durch die Anforderungen des Alltags manövrieren können, wenn beide Elternteile arbeiten gehen. Eltern, die es sich leisten können, jederzeit und rund um die Uhr für ihre Kinder da zu sein, sind zu einem gesellschaftlichen und sozialen Luxus geworden.

Das (Selbst-)Bild der Eltern ist gekennzeichnet durch den **Spagat** der alltäglichen Lebenswelten mit ihren Anforderungen und den Anforderungen der Schule in Einheit mit dem Selbstverständnis der Lehrer. Eltern gehen davon aus, dass Lehrer Experten in der Ausübung

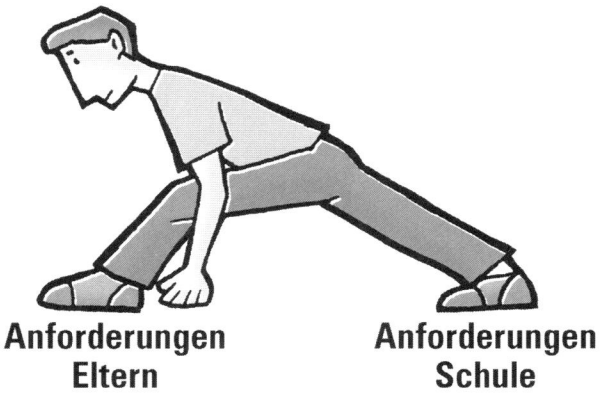

**Anforderungen
Eltern**

**Anforderungen
Schule**

ihres Unterrichts sind, in der Förderung ihrer Schüler und in der Diagnose von Defiziten. Eltern sehen sich als Unterstützer und Mitgestalter des schulischen Lebens. Sie verstehen sich als außerschulische Partner, die durch ihre beruflichen Erfahrungen auch in der unterrichtlichen und pädagogischen Arbeit der Schule ihren Beitrag leisten können. Eltern sind nicht die Versager in der Erziehung ihrer Kinder, sondern hoffen auf die Experten in der Schule und die Anerkennung ihrer Person als Experten für ihre eigenen Kinder.

Eltern wollen die bestmögliche Ausbildung für ihr Kind. Die Ausbildung entscheidet darüber, ob die Kinder als Erwachsene in der Lage sind, ihr Leben selbstständig zu bewältigen: einen Job zu haben oder arbeitslos zu sein, eine Familie ernähren zu können oder Sozialhilfe in Anspruch nehmen zu müssen, ihr Leben lang jeden Cent umdrehen zu müssen oder sich auch mal etwas leisten zu können. Mit dieser Entscheidung sehen sich Eltern heute bereits nach vier Grundschuljahren konfrontiert. Die Weichen, die sie dann stellen, sind wegweisend für das gesamte weitere Leben des Kindes. Eine enorme Verantwortung, der sich viele Eltern nicht gewachsen fühlen.

Hinzu kommt die Tatsache, dass die Schulabschlüsse der einzelnen Schulformen nicht mehr kompatibel sind zu den Ansprüchen unserer Wirtschaft. Hinzu kommt auch, dass manche Schulformen auch nicht mehr das bestmögliche Ergebnis erzielen können, da die Rahmenbedingungen ihnen dies nicht ermöglichen. Hinzu kommt aber auch, dass Schulen sich der „nicht kompatiblen" Schüler „entledigen" können. Abschulung ist ein großes Problem der heutigen Zeit.

 **Fazit:**

Die Verantwortung der Eltern als Anwalt ihrer Kinder ist in den letzten Jahren immens gestiegen. Ebenso die Belastung der Eltern und Familien durch den gesellschaftlichen und wirtschaftlichen Wandel.

Eltern aus sogenannten bildungsfernen Schichten haben die größten Probleme, mit dieser Verantwortung umzugehen. Die Balance zwischen der eigenen Verantwortung und dem Anspruch an die Schulen und Lehrer kann oftmals kaum ausgeglichen werden. Diese Probleme potenzieren sich bei Migrantenfamilien. Hier müssen Sprach- und Kulturbarrieren abgebaut werden. Dazu sind diese Eltern allein jedoch nicht in der Lage! Beratungsgespräche werden schnell zu Konfliktgesprächen, wenn man nicht die gleiche Sprache spricht. Ein Phänomen, das ebenso für Familien aus bildungsfernen Schichten zutrifft. Auch hier sprechen Lehrer und Eltern nicht unweigerlich die „gleiche" Sprache.

Aus diesem Grund müssen die Eltern, die bereit und in der Lage sind, sich positiv und konstruktiv an Schule, an der Arbeit der Klasse, am Unterricht ihrer Kinder zu beteiligen, mit offenen Armen empfangen werden – auch, wenn sie in der Minderheit sind.

Eltern in die Arbeit der Schule miteinzubeziehen, ist eine große Chance für eine gemeinsame, fundamentale Gestaltung des Miteinanders. Eltern wie Lehrer können voneinander lernen, in der gleichen Sprache zu sprechen, sich füreinander zu öffnen und Verständnis füreinander aufzubauen.

Kann so eine positive Atmosphäre geschaffen werden, können auch die Eltern, die sonst eher distanziert oder uninteressiert der Schule gegenüberstehen, zur Zusammenarbeit motiviert werden.

1.3 Erwartungshaltungen

▨ Was sollen Eltern – Lehrer tun?

Was bedeutet also Schule heute?

Der einzige naheliegende Schluss ist, **dass ALLE an einem Strang ziehen**, dass ALLE das Wohl der Kinder und Jugendlichen im Auge haben, nämlich sie zu lebenstüchtigen, selbstständigen Mitgliedern unserer Gesellschaft zu erziehen, die ihr Leben selbst meistern und einen Beruf ausüben können.

Dass dazu mehr als Mathematik und Englisch gehören, ist nicht neu. Dass dazu aber auch die Eltern gehören, die Schule unterstützen, ist auch nicht neu. Neu allerdings ist, dass die strikte Abgrenzung Bildung = Schule und Erziehung = Elternhaus nicht mehr funktioniert.

Unsere Gesellschaft überholt sich in einem unglaublichen Tempo. Doch kein anderes System ist so unflexibel, sich diesen Veränderungen anzupassen, wie Schule. Andreas Schleicher, OECD-PISA-Koordinator, bezeichnete die deutsche Schule als einen schweren Tanker, der nur mit langem Anlauf und sehr langsam seine Richtung ändern könne.

Hinzu kommt aus meiner Erfahrung, dass jede Richtungsänderung gekennzeichnet ist von Widerstand, Hektik, Geldmangel, Ideologien, Paragraphendschungel und der festen Überzeugung, dass das, was früher einmal galt, heute nicht falsch sein kann.

Sicher kann man sich darüber streiten, wer „schuld ist" oder was „man" tun muss. Doch eines wird überdeutlich:
Wollen wir Eltern mit ins Boot holen, sie einbeziehen in die schulische Arbeit sowie die elterlichen Pflichten, dann dürfen wir das Vorgenannte nicht abtun. Weder Lehrer noch Eltern können über den eigenen Schatten

ihrer historischen Schulerfahrungen, Alltagsrealitäten und die Ansprüche der Gesellschaft an sie selbst und ihre Kinder/Schüler springen.

Aus diesem komplexen Themenstrang, der sich in unserem Unterbewusstsein eingenistet hat und das Bild von uns, von Schule, prägt, entwickelt sich das Anspruchsdenken an unser Gegenüber. Es werden Erwartungen formuliert, die an der Rolle der Institution oder des Berufsstandes gemessen werden. Es werden Erwartungen formuliert, die sich an altbekannten Werten orientieren, die aber oftmals nur noch ungenügend in unserer Gesellschaft Gültigkeit haben. Sie haben keine Gültigkeit mehr, weil die Gesellschaft sich weiterentwickelt hat.

Ein **Beispiel**, nicht aus der Schule, aber für mich symptomatisch für unsere Gesellschaft, die sich einerseits über den Werteverlust der Jugend „beschwert", während andererseits führende Persönlichkeiten aus Politik und Wirtschaft folgende Diskussion führen:
Die EU verabschiedet das für alle Staaten verbindliche Antidiskriminierungsgesetz, das scheinbar banale Grundregeln des sozialen Miteinanders aufstellt.
In diesem Gesetz wird festgelegt, dass niemand aus dem Leben ausgegrenzt werden darf, auch nicht aus dem Berufsleben. Das heißt, dass unabhängig von Geschlecht, Hautfarbe, Nationalität und Behinderung alle Menschen gleich zu behandeln sind, die gleichen Lebens- und Berufschancen erhalten wie jeder andere auch. Doch was erleben wir: Nicht ein Lob auf die EU-weite Festschreibung solch fundamentaler Grundwerte, sondern den Aufschrei der Wirtschaft, die sich in ihrer Expansion behindert, ihrer Gewinn- und Marktchancen beraubt sieht, wenn sie ein solches Gesetz umsetzen muss.

Gerade vor dem Hintergrund meiner Ausführungen zu den verschiedenen Aspekten des Rollen- und Aufgabenverständnisses bezüglich Schule gibt es berechtigte Erwartungen von Lehrern und Eltern. Denn beide müssen natürlich gewisse Aufgaben erfüllen, damit unsere Kinder eine Zukunft haben. Manche Erwartungen scheinen banal und selbstverständlich, sind jedoch in der heutigen Zeit eine Herausforderung.

Lehrer erwarten von Eltern:

▸▸ Sie sollen ihr Kind pünktlich zur Schule schicken.

▸▸ Sie sollen dafür Sorge tragen, dass die Schüler alle Arbeitsmaterialien dabei haben.

▸▸ Sie sollen ihr Kind beim Lernen unterstützen, indem sie mit ihm üben, die Hausaufgaben beaufsichtigen und kontrollieren.

▸▸ Sie sollen ihrem Kind die Grundregeln des sozialen Miteinanders beibringen.

▸▸ Sie sollen ihr Kind zu Leistung anhalten.

▸▸ Sie sollen auftretende Schwierigkeiten und Probleme lösen.

▸▸ Sie sollen Beratung annehmen und adäquat umsetzen.

▸▸ Sie sollen sich nicht über Missstände beklagen, sondern positiv unterstützend tätig werden, um Probleme zu lösen.

Eltern erwarten von Lehrern:

▸▸ Sie sollen ihrem Kind die Grundlagen der Bildung beibringen.

▸▸ Sie sollen transparente Regeln aufstellen.

▸▸ Sie sollen ihrem Kind die Grundlagen des Sozialverhaltens vermitteln und unterstützend tätig werden.

▸▸ Sie sollen ihrem Kind die Grundlagen des Arbeitsverhaltens vermitteln und unterstützend tätig werden.

▸▸ Sie sollen ihr Kind schützen vor den Attacken anderer.

▸▸ Sie sollen ihr Kind unterstützen und fördern.

▸▸ Sie sollen Probleme und Defizite ihres Kindes professionell erkennen.

▸▸ Sie sollen Lösungen bei Problemen gemeinsam mit den Eltern, den Beratungsstellen oder Therapeuten professionell finden.

▸▸ Sie sollen ihr Kind loben statt verurteilen.

▸▸ Sie sollen ihre Rolle als Lehrer und Pädagogen verstehen und professionell agieren.

▸▸ Sie sollen nicht nur klagen, sondern positiv motiviert begleiten.

Wenn man ehrlich ist, so unterscheiden sich die Interessen und Erwartungen der Lehrer und Eltern gar nicht so maßgeblich. Warum klappt es also so oft nicht miteinander? Spielen die eigenen Erfahrungen, die Vorurteile und negativen Images doch eine größere Rolle als vermutet? Versperren uns Vorurteile und übersteigerte Erwartungen den Blick auf das Wesentliche? Oder liegt es an einer mangelhaften Definition des Miteinanders? Sind wir Partner oder verschiedene Parteien? Agieren wir kommunikativ oder mit Kampfesparolen? Sprechen wir die gleiche Sprache – im wörtlichen und übertragenen Sinne?

Und nicht zu vergessen, bei dem Wirrwarr des Miteinanders von Menschen, die den gleichen gesellschaftlichen Hintergrund haben und die gleiche Muttersprache sprechen, wie verwirrend muss dies für die **Migranten in unserer Gesellschaft** sein! Welche besonderen Probleme gibt es mit Eltern aus anderen Kulturen und bildungsfernen Elternhäusern? Sind diese Probleme vielleicht so groß, weil hier die Basis der Gemeinsamkeiten noch weiter auseinanderliegt als „unter uns Deutschen"?

Ich glaube ja. Die Vorstellungskraft über den Alltag, die Zwänge und Probleme dieser Familien übersteigt unsere Vorstellungskraft. Auch scheint unsere Offenheit der Wahrnehmung oftmals gestört zu sein. Vielleicht ist dies an mancher Stelle auch eine Art Selbstschutz. Denn diese Barrieren abzubauen, übersteigt durchaus oft genug unsere Möglichkeiten.

Ein **Beispiel**, das einen Hauptschullehrer aus dem Ruhrgebiet nur noch wütend macht: Jedes Jahr nach den großen Ferien wird er mit einer Vielzahl sehr junger Mädchen konfrontiert, die während ihres Urlaubs in der Türkei zwangsverheiratet werden und völlig traumatisiert nach Deutschland zurückkehren. Zwangsehen türkischer Mädchen werden wir als Eltern oder Lehrer nicht verhindern können. Wir können höchstens das Bewusstsein für diese Problematik stärken. Wir können Verständnis für die Schwierigkeiten aufbringen, die damit für diese Mädchen verbunden sind und versuchen, ihnen, im Rahmen unserer Möglichkeiten, Unterstützung und Hilfe anzubieten. Wenig hilfreich scheint mir jedoch der Schrei nach dem Staat, der bitteschön so etwas zu verhindern habe.

Wir werden auch die Perspektivlosigkeit vieler Familien nicht grundlegend verändern können. Das kann Schule nicht schaffen. Aber sich unbeeinflusst von der sozialen Lage der Familie vorurteilsfrei um die bestmögliche Ausbildung der Kinder zu kümmern, Hilfestellung zu bieten und transparent zu sein im eigenen Tun, um Werte zu vermitteln und Zukunftsperspektiven zu entwickeln, das könnte ein leistbarer Ansatz sein.

Hier schließt sich der Bogen. Im Grunde wollen diese Eltern das Gleiche, was Lehrer wollen: eine gute Ausbildung für ihre Kinder mit vorurteilsfreier Beratung und Unterstützung im Alltag und in Krisensituationen.

Wenn Sie Eltern als kompetente Partner für die Schule, für die Klasse gewinnen wollen, dann muss all das berücksichtigt werden, was ich in diesem Abriss zu Historie, (Selbst-)Bild und Erwartungshaltungen geschildert habe. **Eltern und Lehrer agieren auf der gleichen Basis – aber jeder im Kontext seiner Erfahrungen und Vorstellungen, mit verschiedenen Blickrichtungen auf das gleiche Ziel.**

„Der sokratische Eid für Lehrerinnen und Lehrer" von Hartmut von Hentig (Friedrichjahresheft 1992, S. 114) ist ein starkes Bindeglied zwischen der Verantwortung der Lehrer und Eltern, denn er gilt nicht nur für Schule, sondern ebenso für die Erziehung in der Familie:

> **„Als Lehrer und Erzieher verpflichte ich mich,**
> ▸▸ die Eigenheiten eines jeden Kindes zu achten und gegen jedermann zu verteidigen;
> ▸▸ für eine körperliche und seelische Unversehrtheit einzustehen;
> ▸▸ auf seine Regungen zu achten, ihm zuzuhören, es ernst zu nehmen;
> ▸▸ zu allem, was ich seiner Person antue, seine Zustimmung zu suchen, wie ich es bei einem Erwachsenen täte;
> ▸▸ das Gesetz seiner Entwicklung, sowie es erkennbar ist, zum Guten anzulegen und dem Kind zu ermöglichen, dieses Gesetz anzunehmen;
> ▸▸ seine Anlagen herauszufordern und zu fördern;
> ▸▸ seine Schwächen zu schützen, ihm bei der Überwindung von Angst und Schuld, Bosheit und Lüge, Zweifel und Misstrauen, Wehleidigkeit und Selbstsucht beizustehen, wo es das braucht;
> ▸▸ seinen Willen nicht zu brechen – auch nicht, wo er unsinnig erscheint; ihm vielleicht dabei zu helfen, seinen Willen in die Herrschaft seiner Vernunft zu nehmen;
> ▸▸ es also den mündigen Verstandesgebrauch zu lehren und die Kunst der Verständigung des Verstehens;
> ▸▸ es bereit zu machen, Verantwortung in der Gemeinschaft zu übernehmen und für diese;

➤➤ es auf die Welt einzulassen, wie sie ist, ohne es der Welt zu unterwerfen, wie sie ist;

➤➤ es erfahren zu lassen, was und wie das gemeinte gute Leben ist;

➤➤ ihm eine Version von der besseren Welt zu geben und Zuversicht, dass sie erreichbar ist;

➤➤ es Wahrhaftigkeit zu lehren, nicht die Wahrheit, denn ‚die ist bei Gott allein'.“

In den folgenden Kapiteln werden Ihnen grundsätzliche Gelingensbedingungen für eine konstruktive Elternarbeit vorgestellt und an Beispielen praxisnah umgesetzt. Sie werden Hinweise finden, die mit absoluter Sicherheit dazu führen, dass Brücken gebaut, statt Mauern gezogen werden. Zu den verschiedenen Themengebieten, in denen Elternarbeit stattfinden kann und sollte, werden Sie Thesen finden, die sich an der Sichtweise der Eltern orientierten. Ich bin überzeugt, dass dieser Blick eine wichtige Gelingensbedingung für konstruktive und befriedigende Elternarbeit ist. **Die Devise lautet: Eltern als Partner gewinnen.** Aus wenigen Interessierten eine wachsende Gruppe zu entwickeln, mit der Sie gemeinsam den Schulalltag gestalten können. Es spricht sich herum, wenn Lehrer und Eltern sich respektieren und ernst nehmen. Ziehen Lehrer und Eltern an einem Strang, wirkt sich dies auch auf das Klassenklima aus, denn es gibt breiten Konsens für gesetzte Ziele, Werte, Normen.

Aber es gibt keine Garantien! Wie so oft im Leben gibt es auch hier keine Garantie dafür, dass Elternarbeit immer, sofort und problemlos funktioniert, wenn Sie die Tipps in diesem Buch berücksichtigen. Hätte ich ein Patentrezept, wäre ich eine gemachte Frau und brauchte mir keine Gedanken über meine Zukunft oder die Zukunft meiner Familie machen! Es ist viel gewonnen, wenn Sie sich öffnen für die Sichtweise von Eltern auf Schule und die Veränderungen, die sich vielleicht auch für Ihre Sicht von Elternhäusern ergeben müssen.

Der **Praxisteil** nennt Situationen aus dem Schulleben, die in jeder Schule und Schulform zum Alltag gehören. Es ist meiner Meinung nach auch wenig sinnvoll, weitere Felder zu eröffnen. Der schulische Alltag ist so komplex, dass er genügend Gelegenheiten bietet, konstruktives Miteinander zu fördern. Ergeben sich daraus weitere Projekte, Themen, Kooperationen, so ist dies ein Zeichen dafür, dass der Alltag funktioniert und bereits weitere positive Effekte erzielt hat.

Kapitel 2

Praxistipps

In dem nun folgenden Praxisteil möchte ich Ihnen verdeutlichen, wie im alltäglichen Umgang von Lehrern mit Eltern Türen geöffnet oder verschlossen werden können. Viele unbewusste Verhaltensweisen erreichen etwas völlig Gegenteiliges vom Gewünschten. Das Wissen um die Wirkung von Sprachgebrauch, nonverbalen Signalen und das Erkennen der Emotionen des Gegenübers kann diese „negativen Eigenläufer" minimieren oder auch ganz verhindern. Die Betonung liegt in jedem Fall auf dem Wort **„Alltag"**. Es ist müßig, Ausnahmesituationen zu konstruieren, die auf die Mitarbeit von Eltern zu besonderen Anlässen konzipiert sind. Diese Situationen funktionieren in der Regel immer dann besonders gut und fast wie von selbst, wenn der Alltag grundsätzlich konstruktiv gemeinsam bewältigt wird. **Ein Miteinander schließt nicht aus, sondern ein!** Eltern werden in jedem Punkt als außerschulische Experten für ihr Kind und die Bildungsarbeit von Schule verstanden. An verschiedenen Stellen werden Sie dies immer wieder auch beispielhaft vorgestellt finden.

Vor diesem Hintergrund stehen folgende Themen im Mittelpunkt:
▸ Der erste Kontakt mit Eltern
▸ Die gesetzliche Elternmitwirkung
▸ Kommunikative Rahmenbedingungen für ein gelingendes Miteinander
▸ Formale und strukturelle Rahmenbedingungen
▸ Konfliktgespräche
▸ Beratungsgespräche

Allen Aussagen und Praxistipps liegen folgende Annahmen zugrunde:
▸▸ Prinzipiell sind Lehrer und Eltern gewillt, miteinander zu arbeiten.
▸▸ Es gibt nicht DEN Lehrer oder DIE Eltern.
▸▸ Ausgehend von vielen wissenschaftlichen Untersuchungen lege ich zugrunde, dass die größte Einflussnahme auf dem Prinzip des Lernens am Vorbild beruht – lebenslanges Lernen.
▸▸ Gleiches gilt für die Annahme, dass die positiv gelebte Beziehung einen ebenso großen Einfluss ausübt.
▸▸ Vorwürfe und „Schwarze Peter" sind destruktiv.

Ziel der Beispiele und Beispielfelder:
▸▸ Vermittlung der Sichtweise von Eltern auf Schule

>> Vermittlung der Sichtweise von Eltern auf das Handeln von Lehrern

>> Tipps für ein elternorientiertes Handeln

>> Tipps für positive Rahmenbedingungen elternorientierten Handelns

Und dies ist auf keinen Fall Ziel:

>> Diskreditierung von Lehrern

>> Anzweifeln professionellen Handelns von Lehrern

>> Pauschalierungen

>> Schüren von Vorurteilen

Vieles wird vielleicht plakativ erscheinen, da der Fokus auf das Handeln des Lehrers und dessen Wirkung auf die Eltern ist. Aber glauben Sie mir, gerade dies ist der Knackpunkt in vielen missglückten Eltern-Lehrer-Schule-Beziehungen.
In meiner langjährigen Tätigkeit in der Elternberatung bei Problemen mit Lehrern und Schule ist genau dies immer wieder ein markanter Punkt: **Eltern fühlen sich nicht ernst genommen.** Kommunikation wird zum Monolog, Schule/Lehrer als aktiver, Eltern als passiver Part. Unbewusste Signale beiderseits schüren bereits vorhandene Vorurteile. Fehlende Grundkenntnisse bezüglich der internen Strukturen von Schule und Zuständigkeiten in der Mitwirkung erschweren das Leben auf beiden Seiten.

Mein Fokus liegt daher auf den Personen, an die sich dieser Ratgeber auch richtet: die Lehrer. Man kann sein Leben lang darauf warten, dass der andere sich ändert. Man kann aber auch selbst die Verantwortung übernehmen und sein eigenes Handeln ändern. Mit Erstaunen wird man feststellen, dass sich das Handeln des anderen ebenfalls ändert.

Ich möchte Ihnen als Lehrer vermitteln, an welchen Stellen es haken kann. Wo und wie Sie mit relativ einfachen Mitteln einen Schritt auf Ihre Eltern zugehen können. Ich möchte Ihnen Türen öffnen, Ihnen einen Einblick verschaffen in die Sichtweise von Eltern. Machen Sie den ersten Schritt! Sie werden erstaunt sein!

Übrigens: Die Beispiele entsprechen wahren Begebenheiten, die in den letzten Jahren an mich herangetragen worden sind. Wie bereits erwähnt, sind alle Namen von mir willkürlich besetzt worden. Ähnlichkeiten mit wahren Personen sind rein zufällig und nicht gewollt.

2.1 Das erste Kennenlernen

In den meisten Schulen ist es üblich, die Kinder und Eltern der Neueinschulungen in Klasse 1, 5 und 11 zu einem ersten Kennenlernen noch vor Schuljahresbeginn einzuladen. An diesen Abenden werden die (potentiellen) Klassenlehrer vorgestellt, organisatorische Dinge angesprochen und geklärt, evtl. treffen sich auch schon die Schüler zum ersten Mal im zukünftigen Klassenverbund.

Schon an diesem ersten Abend kann man einen wichtigen Meilenstein für eine gute, konstruktive Elternmitarbeit setzen oder Eltern „vergraulen".

Folgende Situation:

Der Schulleiter einer weiterführenden Schule hält anlässlich des ersten Infoabends für die neuen Eltern und Schüler in der Aula eine Rede. Er steht allein auf einem erhöhten Podest. Er hat die Arme verschränkt und spricht in das Standmikrofon vor ihm. Er steht sehr aufrecht und ist mit Anzug und Krawatte sehr elegant gekleidet.

„Meine Damen und Herren, ich begrüße Sie an unserer Schule. Wir werden Sie über die notwendigen Dinge informieren, die für einen reibungslosen Unterricht vom ersten Tag an wichtig sind. Ich werde dies ausführlich tun, damit keine Fragen offen bleiben."

Nach schulorganisatorischen Hinweisen zur Busnutzung und Unterrichtszeiten, sagt er auch Folgendes:

„Und, meine lieben Eltern, natürlich kann Schule nicht funktionieren, wenn das Elternhaus nicht mitarbeitet. Wir sorgen für die Vermittlung des Stoffes. Das ist unsere primäre Aufgabe. Wir machen hier keine Kuschelpädagogik. Die Aufarbeitung des Unterrichts geschieht durch Hausaufgaben und tägliches Nacharbeiten natürlich zu Hause. Das Lernen von Vokabeln, die Kontrolle der Hausarbeiten und entsprechende Hilfemaßnahmen, falls es zu Lernschwierigkeiten kommt, obliegen ihrer Verantwortung. Ich möchte Sie auch ausdrücklich darauf hinweisen, dass jeder Fachlehrer Ihnen zu Beginn des Schuljahres eine ausführliche Liste der benötigten Materialien zukommen lässt, die die Schüler bis zur nächsten Unterrichtsstunde mitzubringen haben. Gibt es noch irgendwelche Fragen?"

Kein Elternteil hat an diesem Abend eine weitere Frage gestellt!

Warum dient dieses Verhalten zur Abschreckung von Eltern?

Der Redner:

▸ *Die erhöhte Position signalisiert ein hierarchisches Gefälle.*

▸ *Dies wird dadurch unterstrichen, dass er allein auf dem Podest steht.*

▸ *Die sehr gerade und korrekte Haltung zeigen dem Gegenüber, dass man es mit einer Autorität zu tun hat.*

▸ *Die verschränkten Arme signalisieren, dass kein Widerspruch geduldet wird.*

▸ *Die Wortwahl und der Tonfall machen deutlich, dass eine Mitsprache der Angesprochenen nicht gewünscht ist.*

▸ *Die Kommunikation findet im Stil einer Handlungsanweisung statt.*

▸ *Die Verständnisfrage ist rein rhetorisch.*

Die Aussagen:

▸ *Klare Rollenzuweisung für Schule und Elternhaus.*

▸ *Schule beschreibt sich ausschließlich als Wissensvermittler und ist primär nach dem Leistungsprinzip konzipiert.*

▸ *Schüler sind für ihre Erfolge selbst verantwortlich.*

▸ *Eltern sind in die Rolle der Zuarbeiter gedrängt, zuständig für die Leistungsfähigkeit ihrer Kinder.*

▸ *Klare Zuweisung von Schuld bei Schwierigkeiten: die Eltern. Die häusliche Unterstützung hat nicht funktioniert.*

Nach einer solchen Einführung durch einen Schulleiter gibt es nur zwei Möglichkeiten:

1. *Die Eltern fügen sich widerspruchslos in ihre Rolle und werden versuchen, nicht „lästig" zu sein.*

2. *Die Eltern nehmen sich schon von diesem Moment an vor, auch die Schule in die Verpflichtung zu nehmen, wenn etwas nicht so klappt, wie es erwartet wird. Sie werden bewusst „lästig".*

Beide Elterntypen wird man zwar in die Schule bekommen, jedoch nicht unbedingt zur aktiven Mitarbeit. Es werden eine größere Anzahl Eltern kommen, da sie wissen, dass dies von ihnen erwartet wird. Sie kommen ggf. auch gerne, weil man sie nicht unbedingt fordert. Anwesenheit reicht aus und zeigt den guten Willen.

Die unter 1. genannten Eltern werden gerne Kuchen backen und Materialien für den Unterricht besorgen. Sie werden sich gerne auf die Seite des Lehrers schlagen und in seinem Sinne votieren.

Die unter 2. genannten Eltern werden den Lehrer prinzipiell kritisieren und alles überkritisch hinterfragen, was er vorschlägt. Meist mit dem Effekt, dass man Streitgespräche führt, die zu keiner Einigung führen. Dafür weiß man nach kurzer Zeit sehr genau, welche Automatismen eintreten – etwa in der Argumentation.

Außerhalb des Schulgeländes, im privaten Rahmen, werden diese Eltern entweder gar nicht von ihrer Schule berichten oder kein gutes Haar an ihr lassen. Diejenigen Eltern, die sich unumstößlich positiv äußern, tun dies in Form von Rechtfertigungen. Die Eltern in dieser Veranstaltung werden alle Rollenklischees, alle Vorurteile und eigenen Erfahrungen bestätigt finden (siehe Kap. 1).

 Was könnte man also besser machen?

Ein gelungener Start sähe z.B. so aus:

Der Schulleiter und der Unterstufenkoordinator begrüßen gemeinsam mit dem Elternvertreter der Schule die neuen Eltern und Schüler. Sie stehen alle drei vor der Bühne. Bereits vor der Begrüßung sprechen diese drei Personen mit Eltern, die sie bereits kennen oder geben Hilfestellung, um noch einen Sitzplatz zu finden. Die drei Personen sind nicht auffällig gekleidet. Der Schulleiter stellt die anderen beiden Personen namentlich und mit ihrer Funktion vor. Die Personen wenden sich einander zu und stehen in ständiger Kommunikation miteinander. Er leitet die Veranstaltung mit folgenden Worten ein:

„Liebe Schüler, ich begrüße euch ganz herzlich an unserer Schule. Ihr seid ab August unsere Neuen und sicher ganz aufgeregt. Ich werde euch heute Informationen für unseren gemeinsamen Start in das neue Schuljahr geben, gemeinsam mit Herrn Müller, der für die gesamte Unterstufe verantwortlich ist, und Herrn Meier, der unsere Eltern

vertritt. Ihr habt bestimmt ganz viele Fragen und seit neugierig auf die neue Schule. Wir werden euch und euren Eltern gleich erzählen, wann Unterricht ist, wie und wie lange, was ihr braucht und was wir euch besonderes bieten können. Ihr und natürlich auch eure Eltern können jederzeit Fragen stellen und wir werden sie, so gut wir können, beantworten."

Nach der Vorstellung dieser Dinge durch den Schulleiter und den Unterstufenkoordinator übernimmt der Elternvertreter das Wort:

„Liebe Eltern, ich begrüße Sie im Namen aller Eltern dieser Schule ganz herzlich und möchte sie einladen, unsere Schule und unser Schulleben mitzugestalten. Sie sind immer herzlich willkommen. Wir Eltern und die Schulleitung pflegen eine kontinuierliche Zusammenarbeit in allen Fragen von Schule, vom Unterricht über Hausaufgaben bis hin zum Pausenlädchen. Wir finden das sehr wichtig, denn unsere Aufgabe als Eltern ist nicht nur die Hausaufgabenkontrolle und der Nachhilfedienst. Wir arbeiten mit daran, dass unsere Kinder in der Schule optimale Unterstützung erfahren, und zwar alle Kinder. Ich lade Sie herzlich ein, sich daran zu beteiligen."

Es wird eine relativ lange Veranstaltung mit vielen Fragen, aber auch gelösten, zufriedenen und zuversichtlichen Gesichtern bei Eltern und Schülern.

 Was hat diese Art der Veranstaltung bewirkt?

Die Redner:

▸ *Alle drei Gremien der Schule (Schulleitung, Lehrer, Eltern) waren gleichberechtigt beteiligt.*

▸ *Das Gespräch fand auf Augenhöhe statt, da die Ansprechpartner vor und nicht auf der Bühne standen.*

▸ *Die Kontaktaufnahme bereits vor Veranstaltungsbeginn hat Barrieren und Berührungsängste bereits im Vorfeld abgebaut.*

▸ *Die unauffällige Kleidung baut keine Rollenklischees auf.*

▸ *Die ständige Zugewandtheit der Personen sowie die gesuchte Kommunikation vermittelt einen partnerschaftlichen Umgang auf Augenhöhe.*

Die Aussagen:

▸ *Die vorrangige Begrüßung der Schüler stellt diese in den Mittelpunkt der Veranstaltung und der Schule.*

▸ *Die emotionale Zuwendung nimmt die Unsicherheit der Eltern/Kinder auf.*

▸ *Das Zulassen von Fragen signalisiert, dass sowohl Eltern als auch Kinder ernst genommen werden.*

▸ *Es signalisiert auch, dass ein partnerschaftlicher Umgang miteinander gesucht wird, der nichts ausschließt und trotzdem klar sagt, was man voneinander erwartet.*

▸ *Die Aussage zu den Aufgaben der Eltern zeigt, dass die Themen, an denen Eltern für eine gute Ausbildung ihrer Kinder mitarbeiten können, breit gefächert sind.*

▸ *Die Einbeziehung aller, an dieser Veranstaltung Beteiligten, macht deutlich, dass niemand eine untergeordnete Rolle spielt – auch die Schüler nicht.*

Eltern und Schüler, die eine solche Veranstaltung verlassen, werden mit einem anderen Selbstwertgefühl und Selbstvertrauen der neuen Schule entgegentreten. Rollenklischees können aufgebrochen werden. Die Zuwendung an die Schüler mit der Vorgabe, allen eine bestmögliche Bildung zukommen zu lassen, ist das, was sich Eltern wünschen. Werden Sie vom ersten Moment an mit Versagen und Schuldzuweisungen konfrontiert, so ist häuslicher und schulischer Stress vorprogrammiert. Auf einer solchen ersten Veranstaltung kann man als Lehrer aufbauen, wenn man Eltern aktiv für sich, seine Klasse, seinen Unterricht gewinnen will. Mehr dazu finden Sie im folgenden Kapitel.

Die größten **Probleme** treten dann auf, wenn die Vorgaben der Schulleitung und die Lehrer-Vorstellung von Unterricht und Mitwirkung absolut konträr sind. Dies spiegelt sich natürlich im Alltag immer wider. Sind Lehrer offen und positiv, ihre Schulleitung jedoch restriktiv und autoritär, dann haben sie es viel schwerer, das Vertrauen ihrer Eltern zu gewinnen. Der Lehrer sollte jedoch immer Wert darauf legen, dass seine Klasse, seine Schüler, seine Eltern mit ihm gemeinsam an einem Strang ziehen. Nutzen Sie als Lehrer das gemeinsame Potential, um in diesem Rahmen das Bestmögliche für die Kinder zu erreichen.

Aber vergessen Sie dabei nicht, dass Sie die Eltern nicht für andere, Ihre Stellung betreffende, persönliche Interessen „benutzen" dürfen.

Manchmal sind Eltern gerne bereit dies zu tun, z.B. wenn es darum geht, den Klassenlehrer für ihre Kinder zu behalten, weil man so gut miteinander ausgekommen ist. Wenn die Schule das Prinzip hat, den Klassenlehrer nach zwei Jahren zu wechseln, dann ist dies eine Entscheidung, die eher einer prinzipiellen Diskussion bedarf, als einer „Einzelrevolution". Es ehrt den Lehrer persönlich, nötigt den Eltern aber viele Energien ab, die nicht zum gewünschten Ergebnis führen.

Auch der Einsatz der Eltern für den Erhalt der Stelle, wenn der Lehrer nur einen Zeitvertrag hat, ist zwar lobenswert, gehört jedoch nicht zu den Themen, bei denen Eltern ein Mitspracherecht haben. Diese Tatsache muss Lehrern und Eltern klar sein.

Fazit:

Bereits der allererste Eindruck ist prägend für die weitere Zusammenarbeit von Eltern und Schule. Empfindet Schule Elternmitwirkung als notwendiges Übel, so ist eine geschlossene, hierarchisch aufgebaute Begrüßung sicherlich genau das Richtige.
Sollen Eltern jedoch Partner der Schule werden und sie nach bestem Wissen und Gewissen unterstützen, so müssen sie als solche bereits von Anfang an begrüßt und zur Mitwirkung ermutigt werden.
Aber auch dann, wenn sich etwa die persönliche Einstellung eines Lehrers zur Elternbeteiligung von der ihrer Schulleitung unterscheidet, kann der Lehrer natürlich mit seinem ersten „Auftritt" punkten und versuchen, den ersten Eindruck zu revidieren.

 Wichtig für ein erstes Willkommen (auch beim ersten Elternabend, der ersten Klassenpflegschaft) ist:

Der Redner:

▸ *sucht bereits beim Eintreffen der Eltern den Kontakt (z.B. durch Begrüßung, Hilfe bei der Suche nach einem Sitzplatz).*
▸ *stellt eine Kommunikation auf Augenhöhe her, indem er sich nicht optisch erhöht.*

▷ signalisiert durch seine Gestik, Mimik und Kleidung, dass er sich auf einer partnerschaftlichen Ebene bewegen will. Das heißt z.B., er verschränkt nicht die Arme, schüttelt nicht den Kopf bei Meldungen aus der Zuhörerschaft, trägt das, was er immer trägt.

▷ spricht strukturiert, auf die wesentlichen Informationen beschränkt, und lässt Nachfragen zu.

▷ sucht sich Partner aus den Mitwirkungsbereichen (z.B. Eltern, Abteilungsleiter, Klassenlehrer).

Die Aussagen:

▷ sollten positiv und elternorientiert sein.

▷ sollten persönlich ansprechen (die Eltern oder die Schüler).

▷ sollten auf die Schultern aller Beteiligten verteilt sein, sodass deutlich wird, dass jeder seinen Part, seine Aufgabe im System Schule hat.

▷ sollten bezüglich der schulischen Abläufe schülerorientiert sein.

▷ sollten umfassend informativ für Eltern und Schüler und trotzdem offen für Fragen sein.

▷ müssen frei von hierarchischen Rollenzuweisungen sein.

▷ müssen frei von Schuldzuweisungen sein.

▷ sollten signalisieren, dass man in eine konstruktive Kommunikation miteinander treten möchte.

2.2 Der erste Elternabend

Das vorangegangene Kapitel zeigte bereits sehr deutlich, dass der erste Eindruck der Eltern von „ihrem" Lehrer, das erste Kennenlernen sehr großen Einfluss auf die weitere gemeinsame Zeit hat.

Nicht außer Acht zu lassen ist, dass auch der ganz persönliche, individuelle Eindruck des Lehrers von den Eltern eine große Rolle spielt. Nicht immer kann „die Chemie stimmen", „der Funke überspringen" und gegenseitige Sympathie entstehen. **Sie sollten als Lehrer daher Folgendes immer mitbedenken:**
Wir sind alle nur Menschen! Eltern und Lehrer müssen einander nicht heiraten, sondern sie müssen auf sachlicher Ebene zum Wohle ihrer Kinder/Schüler miteinander umgehen! Es ist vollkommen unerheblich, ob Sie als Lehrer für jeden einzelnen Vater, jede einzelne Mutter Sympathien hegen und umgekehrt. Sie sollten sich als Partner verstehen, die beide am Wohl des Kindes interessiert sind und durch ein respektierendes Miteinander dieses gemeinsam umzusetzen versuchen. Sie als Lehrer dürfen dabei nicht aus dem Auge verlieren, dass Sie der professionelle Part sind, während Eltern viel stärker auch emotional agieren und reagieren.

Unter Berücksichtigung des Einflusses des ersten Kennenlernens auf die weitere Beziehung zwischen Lehrer und Eltern einer Klasse, **hat der erste Elternabend eine besondere Bedeutung für Eltern:**

1. Es ist der Zeitpunkt, an dem die Eltern einer Klasse sich kennenlernen.
2. Eltern lernen zum ersten Mal den Klassenlehrer kennen.
3. Es ist die erste Möglichkeit, konkret zu erfahren, wie der Unterricht täglich in dieser Klasse strukturiert ist, mit all seinen Problemen, Chancen und Vorteilen.
4. Was ist mit den Hausaufgaben? Wann? In welchem Umfang? In welchem Fach? Wie wird kontrolliert? Sollen Eltern helfen oder nicht?
5. An diesem Abend erwarten die Eltern Informationen über Unterrichtsinhalte und wie diese ihren Kindern vermittelt werden, wie auf Probleme der Kinder beim Lernen eingegangen wird.
6. Eltern gehen davon aus, dass sie ihre Kinder unterstützen können und damit auch die Arbeit der Lehrer. Sie wollen daher wissen, wie sie dies tun können.

7. Der erste Elternabend bietet auch die Möglichkeit, eigene Erwartungen und Wünsche zu artikulieren und zu diskutieren, Regeln für das tägliche Miteinander darzustellen und die Konsequenzen für Eltern-Schüler-Lehrer zu beschließen, wenn die Regeln nicht eingehalten werden.

Versucht man diese sieben Punkte nicht aus dem Auge zu verlieren, so ergeben sich automatisch Gelingensbedingungen für den ersten Elternabend.

Lassen Sie mich dazu eine Geschichte erzählen:
Das erste Kind von Familie Wolfert kommt in die Schule. Die Aufregung bei den Eltern ist groß, denn natürlich soll der Start in „den Ernst des Lebens" ja auch gut gelingen. Herr und Frau Wolfert sind hochmotiviert und möchten die Lehrerin in jeglicher Form unterstützen.
So gehen sie, wie viele andere Elternpaare der ersten Klasse auch, gemeinsam zum ersten Elternabend. Da sie erst das zweite Mal die Schule aufsuchen, finden sie erst nach längerem Suchen das Klassenzimmer. Die Klassenraumtür ist geschlossen und sie befürchten, zu spät zu kommen, was natürlich peinlich wäre, gerade beim ersten Mal. Zaghaft öffnen sie die Tür nach einem höflichen Anklopfen, das leider unbeantwortet blieb. Im Klassenraum sitzen bereits zehn Mütter und Väter hinter den Schulbänken. Am Pult sitzt die Lehrerin, Frau Nolte, und begrüßt sie mit: „Guten Abend! Schließen Sie die Tür, ich bin erkältet." Als sich das Ehepaar Wolfert an die nächstgelegene Schulbank setzen möchte, werden sie zurückgehalten mit der Frage: „Wer sind Sie?" „Familie Wolfert." „Dann müssen Sie sich da drüben hinsetzen. Hier sitzen die Eltern an den Tischen ihrer Kinder, damit ich weiß, mit wem ich es zu tun habe." Ähnlich ergeht es nach und nach allen weiteren Eltern, die kommen. Die Wände des Klassenzimmers sind kahl und lediglich eine Wort- und Silben- sowie Zahlentafel hängen neben einer großen, leeren Pinnwand. Pünktlich auf die Minute beginnt Frau Nolte den Abend mit den Worten: „So, wir fangen pünktlich an. Wir wollen ja auch irgendwann mal wieder nach Hause. Ich werde Ihnen in der nächsten halben Stunde mitteilen, welche Hefte die Kinder

brauchen, welche Stifte für Schreibanfänger sinnvoll sind, wie Sie die Bücher einschlagen müssen und mit welchem Papier, wann das erste Diktat geschrieben wird, wann das erste Klassenfest ansteht und was Sie zu Hause mit den Kindern üben müssen." *Während ihres Vortrages kommentiert sie Nachfragen mit* „Das werden Sie schon merken." *oder:* „Das ist nun mal so." *und ähnlichen Bemerkungen. Im Verlaufe des Abends werden keine Fragen seitens der Eltern mehr gestellt. Frau Wolfert hat ein schlechtes Gefühl und fragt sich, ob sie den Anforderungen seitens der Lehrerin so ganz ohne Vorerfahrung gewachsen sein kann. Daher fragt sie nach, ob denn Frau Nolte zu bestimmten Zeiten zu Hause oder auch in der Schule zu erreichen sei, wenn sie, als Mutter, nicht weiter wisse oder Fragen auftauchten. Frau Nolte errötet heftig und erwidert:* „Grundsätzlich ist immer allen Kindern und Eltern klar, was ich von ihnen will. Nachmittags oder nach dem Unterricht bin ich nicht erreichbar und im Unterricht ist dafür keine Zeit." *Diese Frage scheint sie sehr zu empören und sie endet mit dem Satz:* „So, und jetzt müssen Sie noch den Elternvertreter wählen und dann haben wir es geschafft." *Die Wahl dauerte jedoch sehr lange, da sich kein Elternteil meldete, das diesen Posten übernehmen wollte.*

 Warum konnten die Eltern in dieser Klasse nicht für die Elternmitwirkung gewonnen werden? Es gibt drei Hauptkriterien, die diesen Abend zu keinem gelungenen Einstand gemacht haben:

Das Klassenzimmer:

▸ *Die fehlende Ausschilderung zum Klassenraum erschwert es den unerfahrenen Eltern, den Weg zu finden.*

▸ *Die geschlossene Tür schließt aus und führt zum ersten Unwohlsein (Bin ich zu spät? Bin ich richtig?).*

▸ *Eine Sitzordnung, die nur dem Lehrer bekannt ist, verunsichert und führt automatisch zu einem „Fehlverhalten" der Eltern.*

▸ *Die Sitzordnung „Eltern hinter Schulbänken – Lehrer am Pult" spiegelt die Hierarchie Eltern = Schüler und Lehrer = Autorität wider.*

▸ *Für Erwachsene ist das Sitzen auf Stühlen (an Tischen), die für Kinder mit einem Körpermaß von ca. 100 cm gebaut sind, sehr unbequem.*

Die Themen:

▶ *Die Themen sind nur an den Lehrerinteressen orientiert, d.h. Frau Nolte erwartet eine Vielzahl von Leistungen seitens der Eltern, die diese umgehend zu erfüllen haben.*

▶ *Elterninteressen (Wahl des Elternvertreters) stehen hintenan und sind ein notwendiges Übel („Wir müssen …", „Dann haben wir es geschafft.")*

▶ *Die Themen beziehen sich ausschließlich auf elterliche Pflichten.*

▶ *Die Themen beinhalten keine Informationen zu Unterrichtsinhalten.*

▶ *Die Themen beinhalten keine Informationen zu methodischen und didaktischen Konzepten des Unterrichts.*

▶ *Die Themen beinhalten keine Aussagen zu Fördermaßnahmen.*

▶ *Die Themen geben keinen Spielraum für Nachfragen seitens der Eltern bezüglich der Leistungen, die die Lehrerin erbringt.*

Die Kommunikation:

▶ *Niemand weiß, mit wem er es zu tun hat. Die Lehrerin stellt sich nicht vor und es gibt keine Vorstellungsrunde.*

▶ *Die Lehrerin macht deutlich, dass sie den Zeitrahmen und die Themen vorgibt („Wir fangen pünktlich an.", „Ich werde Ihnen mitteilen …")*

▶ *Sie referiert und unterbindet Nachfragen („Das werden sie schon sehen.").*

▶ *Die Hierarchie zwischen Eltern und Lehrerin wird klar definiert. Die Sätze werden als Ich-Sätze formuliert oder in Befehlsform.*

▶ *Die Lehrerin gibt allein vor, was für Eltern relevant ist zu wissen oder nicht, indem sie die Themenliste als geschlossen präsentiert.*

▶ *Sie lässt keine Kommunikation zu („Das ist nun mal so.").*

▶ *Sie steht den Eltern im Alltag nicht als Ansprechpartnerin zur Verfügung („… bin ich nicht erreichbar …", „… ist dafür keine Zeit.").*

Weder durch die Räumlichkeit noch durch die unpersönliche Ansprache wird den Teilnehmern dieses Abends, also den Eltern, das Gefühl vermittelt, sie seien willkommen. Sie müssen den Raum suchen, die Tür ist verschlossen, die Platzwahl aufgezwungen, die Themen sind lehrerorientiert, ihre Fragen werden ignoriert. Persönliche Nachfragen werden mit Standardantworten „abgetan".

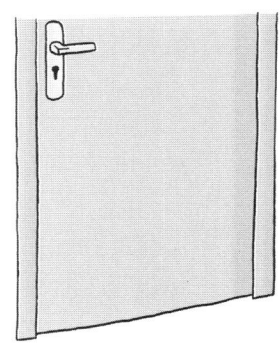

Eltern, die so empfangen werden, werden nur dann den Drang verspüren, sich in dieser Klasse als Elternvertreter wählen zu lassen oder auch in anderer Form aktiv zu werden, wenn sie das Prinzip verfolgen „jetzt erst recht" oder über eine ausgeprägte Portion Optimismus verfügen („Sie war halt nicht gut drauf.", „Sie war genauso aufgeregt wie wir.") oder aber durch ihren Beruf den Umgang mit schwierigen Partnern gewohnt sind.

Kuchen werden diese Mütter backen. Diese Väter werden Stühle rücken und Hilfsmittel für den Unterricht basteln – aber immer aus dem Gefühl heraus, wenn sie es nicht täten, würde sich die Situation noch verschlimmern und ihr Kind unter der elterlichen Verweigerung leiden müssen: Mitarbeit aus Angst vor Sanktionen gegen ihr Kind. Eine denkbar schlechte Voraussetzung für eine gute Zusammenarbeit!

Möchte man Eltern als Experten für ihr Kind und als außerschulische Experten für Mitwirkung aktivieren und in den Unterrichtsalltag einbinden, so müssen sie sich als solche akzeptiert und angenommen fühlen. Und dies vom ersten Moment an.

So ganz anders als im ersten Beispiel geht es in dieser Klasse einer weiterführenden Schule beim ersten Elternabend zu:

Die 5. Klasse einer Realschule hat ihren ersten Elternabend. Der Klassenlehrer hat auf seiner Einladung u.a. den Tagesordnungspunkt „Unterrichtsinhalte – Methoden – Fördermaßnahmen: Was wir gemeinsam im nächsten Jahr lernen" aufgeführt. Auf der Rückseite der Einladung ist eine Skizze des Schulgebäudes mit einem markierten Weg zum Klassenzimmer beschrieben. Herr und Frau Krämer sind schon recht früh an diesem Abend da und freuen sich, dass sie sich nicht nur auf die Skizze verlassen müssen, sondern dass vom Eingang aus eine Ausschilderung zu finden ist. Am Klassenzimmer angelangt, begrüßt sie der Klassenlehrer mit Handschlag: „Guten Abend, meine Name ist Beringer und Sie sind? … „Ach, die Eltern von Markus. Schön Sie kennenzulernen. Ich habe Namensschilder vorbereitet, damit wir uns heute Abend auch mit Namen ansprechen können. Das ist doch viel persönlicher. Suchen Sie sich einen Platz in unserer Runde." So begrüßt er jedes Elternteil persönlich. In der Klasse sind die Tische an den Rand geschoben und die Stühle bilden in der Mitte einen Kreis. An den

Wänden hängen bereits erste Ergebnisse (Bilder etc.) aus dem Unterricht. Im Laufe des Abends stellt Herr Beringer die Unterrichtsinhalte und die Lehrmethoden vor, weißt auf die Hausaufgaben hin und die Ziele, die er sich für die Klasse im ersten Halbjahr vorgenommen hat zu erreichen. Außerdem verweist er auf denkbare Unternehmungen und Veranstaltungen (z.B. Lesenächte, gemeinsames Grillen), um die Klassengemeinschaft zusätzlich zu fördern. Bereits am Anfang und an bestimmten Stellen während seines Vortrags fordert er die Eltern auf, Fragen zu stellen. Er lässt auch während seiner Ausführungen Nachfragen seitens der Eltern zu, die er sofort oder mit dem Hinweis auf weitere Informationen im weiteren Verlauf seines Vortrags beantwortet. Als es um die Wahl der Klassenpflegschaft geht, weist er darauf hin, wie wichtig es ihm ist, dass gerade auch Eltern an der schulischen Arbeit und Entwicklung beteiligt sind, und nennt einige Beispiele aus der Arbeit des vergangenen Jahres. Am Ende des Abends schlägt er vor, dass sich die Eltern in regelmäßigen Abständen zu gewissen Themen, um sich gegenseitig besser kennenzulernen und ins Gespräch zu kommen, treffen. Die Eltern sind begeistert und es wird bereits ein Termin und das erste Thema festgelegt: Wie hat der Anfang geklappt? Zum Abschluss schreibt der Lehrer seine Telefonnummer und E-Mail-Adresse an die Tafel mit der Aufforderung, ihn bei wichtigen Fragen zu kontaktieren: „Ich möchte Sie aber auch bitten, mich auf diesem Wege darüber zu informieren, wenn Ihr Kind Probleme hat, länger krank ist oder Dinge in der Familie geschehen sind, die sich auf das Verhalten ihres Kindes auswirken könnten."

 Was ist hier so anders, so viel besser passiert?

Das Klassenzimmer:

▹ *Das Klassenzimmer ist durch Skizze und Ausschilderung gut zu finden, sodass die Eltern nicht durch die Gänge einer neuen, unbekannten Schule irren müssen.*

▹ *Die Tür steht weit offen und signalisiert, dass die Eltern jederzeit eintreten können.*

▶ Die Wände sind mit Schülerarbeiten versehen.

▶ Der Stuhlkreis ermöglicht es, dass alle Eltern sich ansehen können.

▶ Der Stuhlkreis macht deutlich, dass es sich um keine Unterrichtssituation mit einer Lehrer-Zubelehrender-Kommunikation handelt, sondern alle gleichberechtigt nebeneinander sitzen.

▶ Auch kleine Stühle können relativ bequem von den Erwachsenen genutzt werden, da Beinfreiheit vorhanden ist.

▶ Der Stuhlkreis ermöglicht eine freie Platzwahl, da jeder Platz fester Bestandteil des Miteinanders ist. Niemand sitzt so weit vorne oder so weit hinten, dass er besonders gut oder gar nicht wahrgenommen wird.

Die Themen:

▶ Die Themenauswahl ist offen und umfasst trotzdem alle wichtigen Bestandteile (Inhalte, Methoden, Ziele des Unterrichts; Maßnahmen zur Förderung der Klassengemeinschaft), über die Eltern informiert werden wollen.

▶ Das Aufgreifen der Lehrmethoden ist ein Zeichen von Professionalität, Offenheit und Transparenz.

▶ Der Lehrer lässt zu, dass die Eltern Einblick in seine Arbeit bekommen.

▶ Die Angabe der Ziele, die er sich für die Klasse vorgenommen hat, macht den Eltern deutlich, welche Aufgaben ihre Kinder zu bewältigen haben, und erleichtert ihnen die Begleitung.

▶ Das Angebot weiterer thematischer Abende zeigt, dass es dem Lehrer nicht nur um Allgemeinplätze geht, sondern auch um die Vertiefung der schulischen Inhalte.

▶ Die Offenheit einerseits und klare Struktur der Themen andererseits lässt Spielraum für eigene Ideen, das Einbringen eigener Fähigkeiten und Fertigkeiten sowie konstruktiver Diskussion.

Die Kommunikation:

▶ Die persönliche Begrüßung jedes Elternteils ist ein Zeichen für das Interesse des Lehrers an jedem Teilnehmer.

▶ Namensschilder erleichtern die Kommunikation und ermöglichen die persönliche Ansprache.

▶ Das Zulassen von Nachfragen signalisiert eine partnerschaftliche Kommunikation.

▷ Die direkte Beantwortung der Fragen oder der Hinweis auf folgende Informationen verdeutlicht, dass der Lehrer im Thema steht und die Eltern mitnimmt auf seinem Weg.

▷ Die Unterstützung der Elternmitwirkung verstärkt dies und ermutigt zur Mitarbeit.

▷ Die Offenheit für weitere Diskussion und Kommunikation unterstreicht nochmals den kontinuierlichen partnerschaftlichen Dialog.

▷ Der Lehrer bekundet durch die Weitergabe seiner Telefonnummer, dass er sich für die Belange der Eltern und Schüler interessiert und diese auch in seine Arbeit integrieren möchte („… falls es Dinge in der Familie gibt, die ich wissen sollte …")

 **Fazit:**

Wenn Eltern und Lehrer keine Angst voreinander haben, steht einer partnerschaftlichen Kommunikation nichts im Weg. Die Wahrnehmung des Gegenübers (sowohl des Lehrers als auch der Eltern) als Partner auf dem Weg zu einem gemeinsamen Ziel ist eine wichtige Voraussetzung für gelingende Elternarbeit. Dies bedeutet nicht, dass Sie sich zu einer übertriebenen „Kumpanei" hinreißen lassen sollten. Sie sind der Profi in Sachen Lehren – Schule – Fördern und akzeptieren die Eltern Ihrer Schützlinge als Profis in den Belangen ihres Kindes.

Partnerschaftliches Miteinander wird aus der Sicht von Eltern vor allem durch die Transparenz des eigenen Tuns erlangt. Werden die Eltern offen darüber informiert, was das Ziel des Lehrers ist, wie der Weg dorthin aussieht und mit welchem Werkzeug es erreicht werden kann, sehen sich Eltern in die Lage versetzt, diesen Weg mitzugehen. Treten Probleme auf, so kann auf einer bekannten gemeinsamen Ebene diskutiert und nach adäquaten Lösungen gesucht werden.

 Daher ist die offene, sachbezogene Gestaltung wichtigste Voraussetzung für einen gelingenden ersten Elternabend:

Der Klassenraum muss

▷ *offen sein und zum Eintreten einladen.*

▸ *Schülerarbeiten zeigen, die verdeutlichen, dass Ergebnisse präsent sind und gewürdigt werden.*

▸ *so gestaltet sein, dass Eltern sich nicht im Rücken sitzen, sondern z.B. durch einen Stuhlkreis eine Gemeinschaft gebildet wird, zu der auch der Lehrer gehört, und alle auf einer Ebene stehen.*

Die Themen müssen folgende Fragen beantworten:

▸ *Wie sieht der Unterricht aus?*

▸ *Wie ist er gestaltet?*

▸ *Wie vermittelt der Lehrer den Umgang mit Materialien?*

▸ *Wie vermittelt der Lehrer Arbeitsmethoden?*

▸ *Wann und wie sucht der Lehrer den Kontakt zu den Eltern?*

▸ *Zusätzlich müssen alle Fragen seitens der Eltern ernst genommen und beantwortet werden.*

Die Kommunikation muss

▸ *stets offen sein für alle Fragen, Wünsche und Anregungen der Beteiligten.*

▸ *geprägt sein durch persönliche Ansprache und Vermeidung von Allgemeinplätzen.*

▸ *offen sein für alle Themen, die Eltern interessieren.*

▸ *jederzeit zwischen Eltern und Lehrer möglich sein.*

Hilfsmittel sind

▸ *gut formulierte, offene Einladungen,*

▸ *Wegweiser zum Klassenraum,*

▸ *persönliche Begrüßung,*

▸ *Namensschilder,*

▸ *Stuhlkreis,*

▸ *gestalteter Klassenraum mit Schülerarbeiten.*

Beispiel für eine Einladung zur ersten Klassenpflegschaft:

Liebe Eltern und Erziehungsberechtigte!

Ich freue mich, Sie zu unserem **ersten gemeinsamen Abend** einladen zu dürfen.

Tag – Uhrzeit – Ort

(Folgen Sie einfach der Ausschilderung zum Klassenraum!)

Die ersten Schritte in unserer Schule sind nicht nur für Ihre Kinder aufregend, sondern auch für Sie und mich.
Ich werde Ihnen an diesem Abend erste Informationen zum **Unterricht**, zu den **Fächern**, zu den **Methoden** usw. geben. Natürlich stehen auch Ihre **Fragen** im Mittelpunkt.

Unsere Tagesordnung:
1. Begrüßung
2. Überblick über Fächer und Fachlehrer
3. Überblick über Lehr- und Lernmethoden
4. Organisatorisches für das kommende Halbjahr
5. Wahl der Klassenpflegschaft
6. Ihre Fragen und Anregungen

Ich freue mich, Sie kennenzulernen und mit Ihnen den Schulalltag Ihrer Kinder zu besprechen und mit Ihnen zusammen zu gestalten.

Herzlichst,
Ihr(e)

▓ Wichtige Hinweise

▸▸ Denken Sie als Lehrer an die **Eltern aus dem nicht-deutschsprachigen Ausland!** Es hat sich vielfach bewährt, Einladungen z.B. in türkisch, polnisch oder russisch übersetzen zu lassen. Ältere Schüler oder zweisprachige Eltern können diese Aufgabe übernehmen. Klären Sie während des ersten Elternabends oder der Sprechtage mit diesen Eltern, ob sie Ihre Informationen (auch weiterhin) in ihrer Muttersprache bekommen möchten. Diese Absprache ist wichtig, denn es könnten Missverständnisse auftreten:

1. Nicht übersetzte Einladungen könnten im Papierkorb landen, weil Eltern ihre sprachlichen Unzulänglichkeiten nicht gegenüber ihren Kindern preisgeben möchten.

2. Übersetzte Einladungen könnten im Papierkorb landen, weil Eltern sehr wohl der deutschen Sprache in Wort und Schrift mächtig sind und auf diese Weise von Ihnen gedemütigt werden, da Sie ihnen nicht zutrauen, ganz normal am Schulleben ihrer Kinder teilnehmen zu können.

▸▸ Denken Sie an **Eltern mit besonderer Glaubensorientierung!** Islam ist nicht gleich Islam – Baptisten sind nicht gleich Baptisten. Es gibt verschiedene Gruppierungen in diesen Glaubensrichtungen. Dies macht sich u.a. natürlich daran fest, dass z.B. nicht alle Frauen und Mädchen islamischen Glaubens ein Kopftuch tragen. In manchen Gruppierungen ist es den Frauen untersagt, an Abendveranstaltungen teilzunehmen oder allein familienrelevante Entscheidungen zu treffen. Klären Sie dies im Vorfeld des ersten Abends, damit keine Missverständnisse oder Peinlichkeiten auftreten, die diese Eltern in der Klasse diskriminieren und beschämen würden.

Übrigens: In manchen Kulturen ist es Pflicht, als Zeichen des Willkommenseins etwas Wasser und Kekse anzubieten. Versuchen Sie es einfach, es kann nicht falsch sein.

2.3 Eltern und Lehrer in Gremien

Gerade in der **Gremienarbeit** ist das konstruktive Miteinander von Lehrern und Eltern eine wichtige Komponente für gelingendes Schulleben, qualitative Weiterentwicklung von Unterricht und gemeinsames Engagement für die Schulgemeinde.

Wenn Lehrer und Eltern in die Diskussion um die allgemeinen Bildungsziele, Unterrichtsinhalte, Projekte und pädagogischen Maßnahmen für ihre Schule eintreten, so findet dies in der Regel in den im Folgenden beschriebenen Gremien (Schulpflegschaft, Klassen-, Schul- und Fachkonferenz) statt.

Zunächst sieht das **Schulmitwirkungsgesetz** vor, dass sowohl Eltern als auch Lehrer (in den Schulen der Sekundarstufen auch die Schüler) sich in ihren eigenen Gremien (Lehrerkonferenz, Schülerrat, Schulpflegschaft) beraten und zu mehrheitlichen Aussagen kommen, bevor sie in den gemeinsam besetzten Gremien mit dem Ziel diskutiert werden, einen gemeinsamen Beschluss für die Weiterentwicklung der Schule zu fassen.

Hier wird oftmals sehr deutlich, dass Eltern – Lehrer – Schüler – Schulleitung dem Hintergrund verschiedener Lebenserfahrungen und daraus resultierender Erwartungen an Schule zu einem durchaus unterschiedlichen Meinungsbild kommen. Manchmal kommt man zum gleichen Ergebnis, manchmal unterscheiden sich die Meinungsbilder grundlegend und bedürfen intensiver Beratung, Diskussion und Verhandlung, um ein für alle Beteiligten zufriedenstellendes Ergebnis zu erlangen. Dies wurde in den letzten Jahren in der Entwicklung der Schulprogramme (Wer ist wie daran beteiligt?) und der Diskussion um die sogenannten „Kopfnoten" deutlich. Diese beiden Punkte werden Ihnen in den Praxisbeispielen wieder begegnen.

Aber nicht nur in diesen Gremien gilt es, Eltern als Partner zu betrachten. In der Klassenpflegschaft sollen Eltern als Experten für ihr Kind einbezogen werden. In den Fachkonferenzen sollen Eltern als außerschulische Experten mit ihren beruflichen Erfahrungen in die Arbeit integriert werden. **Eltern sind ernsthafte Gesprächs- und Handlungspartner, deren Potential eine Bereicherung für das Schulleben ist.**

Ganz wichtig in diesem Zusammenhang ist das Wissen, wie Menschen im täglichen Miteinander beeinflusst werden. Etwa 98% der Einflussnahme auf unsere

Mitmenschen geschieht durch das eigene Vorbild (Wie verhalte ich mich?) und die Beziehung zu unserem Gegenüber (Kann ich ihn leiden? Ist er mein Konkurrent? Nehme ich ihn ernst? Liebe oder hasse ich? – und umgekehrt). Es helfen demnach keine noch so guten Argumente, wenn die eigene Haltung, das eigene Tun oder auch das der Mitglieder meiner Gruppe (Klasse oder Kollegium, Elternschaft) etwas anderes signalisieren.

Ein Beispiel:

Ihr Gesprächspartner sagt: *„Ich kann Sie sehr gut verstehen."*
Variante 1: Ihr Gesprächspartner sitzt lässig zurückgelehnt auf seinem Stuhl und hat die Arme fest vor der Brust verschränkt.
Variante 2: Ihr Gesprächspartner beugt sich auf dem Stuhl nach vorn und schaut Ihnen in die Augen.
In der ersten Gesprächsvariante werden Sie das Gefühl haben, dass ihr Gegenüber Ihnen eigentlich etwas anderes sagen will. In der zweiten Gesprächsvariante werden Sie sich ernst genommen fühlen und das Gespräch gerne weiterführen.

Reflektieren Sie einmal ihren Alltag und Sie werden feststellen, dass Ihr Verhalten und Ihre Haltung Ihrem Gesprächspartner gegenüber einen erheblichen Einfluss darauf haben, ob ein Problem gelöst oder ein Impuls gesetzt werden kann: *„Prima Idee, aber wenn die immer nur stören!"* – *„Ich will ja gerne behilflich sein, aber wenn ich immer nur alleine die Bücherliste führe."* – *„Wenn die sich nicht ändern, dann kann ich auch nicht …"* – *„Machen Sie doch erst mal das alles, was ich sowieso schon mache."* – *„Schön, dass Sie Verständnis für mich haben, aber …"* usw. usw.

Ich möchte Ihnen im Folgenden verdeutlichen, an welchen Stellen Eltern ein verbrieftes Recht auf Partizipation und Mitwirkung haben und welche Schwierigkeiten sich oftmals vor ihnen auftun. Vieles geschieht aus Nichtwissen der Eltern und Lehrer. Manches rührt daher, dass Mitwirkung im weitesten Sinne und insbesondere die ernsthaft umgesetzte Elternmitwirkung von Lehrern als Bedrohung angesehen wird. Vorurteile und (Selbst-)Bilder verhindern den befruchtenden Umgang miteinander. Lassen Sie uns gemeinsam ein paar Türen aufstoßen und schauen, ob das ein oder andere Beispiel ein neues Bild von Eltern und Lehrern in Schule aufzeigen kann.

Wichtig ist es mir an dieser Stelle besonders, dass ich **in keinem Fall eine Lehrerschelte** vornehmen möchte! Es liegt mir jedoch sehr viel daran, einmal aus Elternsicht zu schildern, wie Elternmitwirkung konstruktiver gestaltet werden kann.

■ Schulpflegschaft

Hier wird in Anwesenheit und unter Beteiligung der Schulleitung über neue Förderprogramme, Änderungen im Kollegium, Berufsvorbereitung, Klassenfahrten, Planungen zur Teilnahme an Projekten, Fortbildungen etc. informiert und diskutiert. Auch Lehrer können an diesen Sitzungen teilnehmen, wenn sie z.B. Projekte in ihrem Jahrgang oder Fachgebiet vorstellen oder aber Funktionsstellen übernommen haben wie etwa die Stufen- oder Koordinatorenleitung, die didaktische Leitung.

In vielen Schulpflegschaften finden sich **Eltern, die selbst oder deren Partner Lehrer sind**. In diesem Fall kann es auch in diesem Gremium zu sehr kontroversen Diskussionen kommen, da sich diese Eltern an vielen Stellen in einem Interessenskonflikt befinden können: Bin ich Eltern oder bin ich Lehrer? Muss ich meinen Partner verteidigen, wenn er anderer Meinung ist als die anderen Eltern? Die bange Frage, wie stelle ich mit meiner Meinung auch meinen Berufsstand oder die Arbeit meines Partners dar, ist eine Krux, die oftmals mehr Probleme für diese Elternvertreter mit sich bringt als hilfreiche Unterstützung bei der Entscheidungsfindung der Schulpflegschaft. Ich erlebe immer wieder, dass Vorurteile und das eigene Erleben von Schule (aktuelle und aus der Kindheit) die Meinungsbildung von Eltern beeinflussen (siehe Kap. 1).

Vielleicht ist das auch der Grund, warum in so vielen Schulen dieses Gremium so selten als Ort der Information und Meinungsbildung genutzt werden kann.

Es gibt Schulen, die eine einzige Sitzung pro Schuljahr einberufen. Könnten Sie sich als Lehrer vorstellen, dass die Lehrerkonferenz nur einmal im Jahr tagt?

In der Bezirksregierung Detmold fanden im März 2005 zwei Elternforen statt, die je 15 Workshops zu den Themen in Schule angeboten haben, die die Mitwirkung von Eltern und Elternvertretern sowohl vorsehen als auch dringend benötigen. Detaillierte Informationen dazu finden Sie unter der Internetadresse www.Bildungsregion-OWL.de

Am stärksten gefragt waren der **Workshop** zur Mitwirkung und zur Beratung von Schülern und Eltern. Dies zeigte auch das Feedback der Teilnehmer. Sowohl in den Primar- als auch in den Sekundarschulen besteht ein erheblicher Informationswunsch bezüglich der Elternmitwirkung: Wo sieht das Gesetz Elternbeteiligung vor? Wie kann ich dieses umsetzen und evtl. sogar einfordern? Gleiches gilt für die Praxis von Beratungsgesprächen und die Frage, wie Eltern Beratung in ihrer Schule empfinden, wie diese organisiert sein kann und mit welchen Kommunikationstechniken Eltern in diese Gespräche gehen können, um konstruktive Kritik anzubringen und lösungsorientiert argumentieren zu können.

Die Schulpflegschaft ist das Gremium, in dem Eltern Informationen erhalten sollten, die zum einen zur Meinungsfindung dienen und die daraus resultierenden Voten in die Meinungsfindung in der Schulkonferenz einfließen lassen sollten. Die zweite Aufgabe besteht darin, dass die in der Schulpflegschaft vertretenen Eltern diese Informationen an ihre Eltern in ihrer Klasse weitergeben und sie damit die Arbeit in der Klassenpflegschaft gestalten.

Im März 2006 startete das **Projekt „Elternmitarbeit in einer guten gesunden Schule (EmiggS)"** in Kooperation mit dem GUVV (Gemeindeunfallversicherungsverband) Westfalen-Lippe zur Fortbildung von Eltern in den Schulen OWLs, um sie zur aktiven Beteiligung an den Schulprozessen zu befähigen. Hintergrund ist das Wissen aus dem Projekt „Gute und Gesunde Schule", das sich mit den verschiedensten Faktoren beschäftigt, die ein positives Schulklima für alle an Schule Beteiligten fördert.

■ Schulkonferenz

In diesem Gremium wird eine rechtsverbindliche, für die Schule entscheidende Diskussion geführt. Die Entscheidungen dieses Gremiums sind bindend für alle an Schule Beteiligten. Dieses Gremium bestimmt, mit welcher Qualität die Schule arbeitet, ob sie sich innovativ entwickelt, stagniert oder Rückschritte macht.

Diese Entscheidungen sind in vielen Bundesländern stark damit verbunden, welchen Einfluss welche Gruppe ausübt, da die **Mehrheitsverhältnisse** dazu angelegt waren, Mehrheitsverhältnisse zu Machtkämpfen zwischen Lehrern und Eltern-Schülern werden zu lassen. Die Besetzung der Schulkonferenz ist nicht paritätisch, sondern im Verhältnis 2:1:1 Lehrer – Eltern – Schüler. So sind Machtkämpfe oftmals vorprogrammiert oder aber die Schulleitung hat eine so hohe hierarchische Stellung, dass sie alles dominiert und Entscheidungen bereits im Vorfeld herbeiführt.

Sie kann dies auch dadurch forcieren, dass sie die Schulpflegschaft nicht über die Themen informiert, die in der Schulkonferenz beschlossen bzw. diskutiert werden sollen. So werden die anwesenden Eltern genötigt, ad hoc stellvertretend für ALLE Eltern eine Meinung zu bilden. Da man im Zweifel lieber nicht gegen die vermeintlich stärkere Fraktion stimmt, kann auf diesem Wege eine Pseudo-Demokratie in der Schule installiert werden, die vor allem Lehrer und Schulleiter dazu animiert, festzustellen, was für eine hervorragende Zusammenarbeit mit den Eltern ihre Schule doch hat. Ist das wirklich so?

Mit dem im Sommer 2005 in NRW in Kraft getretenen **Schulgesetz** ist dieses Gremium paritätisch 1:1:1 besetzt. Fundamentale pädagogische und qualitative Entscheidungen bedürfen jedoch der doppelten Mehrheit, will heißen, dass sowohl die Mehrheit der Lehrer in diesem Gremium als auch die Mehrheit des Gremiums selbst für eine Entscheidung stimmen müssen. Mit dem Regierungswechsel im gleichen Jahr steht diese fundamentale Entscheidung zur paritätischen Besetzung der Schulkonferenz wieder vor dem Aus. Eine sofort in die Wege geleitete Novellierung des gerade erst in Kraft getretenen Schulgesetzes NRW verabschiedet sich von diesem demokratischen Schritt. Bedauerlicherweise wird dies damit begründet, dass sich diese Form der Besetzung in der Praxis als nicht sinnvoll erwiesen hat. Erstaunlicherweise konnte Politik und Ministerium bereits zu Beginn des Schuljahres, bevor der Zeitraum für die ersten Schulkonferenzen in der neuen Besetzung begonnen hatte, zu dieser Aussage kommen. Auf Proteste der Elternverbände in NRW antwortete das Ministerium, dass es nicht sein könne, dass der Sachverstand der Lehrer durch den Einfluss von Eltern und Schülern zurückgedrängt werde. Eine Aussage, die aufgrund des Mittels der doppelten Mehrheit in allen pädagogischen Fragen absolut unverständlich ist.

In jedem Fall ist es für eine konstruktive, von Eltern – Lehrern – Schülern mitgetragene Entscheidung wichtig, dass die Entscheidungsträger ihre verschiedenen Eindrücke, Meinungen, Sichtweisen und Erfahrungen in die Diskussion miteinbringen können. Diskussionen sind geprägt von den schulischen Erfahrungen im Allgemeinen, im Besonderen und ganz konkret bezüglich einzelner Lehrer und ihrer Verhaltensweisen (siehe auch Kap. 1).

Ist eine konstruktive, sachliche Diskussion von Schulleitung – Lehrern – Eltern – Schülern gewollt, ist es wichtig, dass die Mitglieder der Gremien bereit sind, dazu sachlich fundiert argumentieren zu können. Es ist niemandem geholfen, wenn Gewerkschaftsvertreter, Vertreter bestimmter Gruppen eines Kollegiums, notorisch mäkelnde Eltern oder andere Personengruppen, die sicherlich jedem von uns jetzt vor Augen stehen, Meinungsbildung in einem solchen Gremium forcieren sollen. Die effektive Arbeit wird mit einer solchen Besetzung absolut in Frage gestellt. **Aufgabe der Schulkonferenz ist es, Schule voranzubringen, Entscheidungen zu treffen, die die Unterrichtsqualität weiterentwickeln, den Schultag strukturieren und die Umsetzung der gesetzlichen Vorgaben gewährleisten.**

Vor diesem Hintergrund sollten sich sowohl die Mitglieder der Schulpflegschaft als auch der Lehrerkonferenz genau überlegen, wer sie – DIE Lehrer und DIE Eltern – in der Schulkonferenz vertreten soll und ob er/sie dies tatsächlich in ihrem Sinne tut.

Stellen Sie sich folgende Situation vor:

Eine Schulkonferenz soll laut Tagesordnung über die Einführung und Formulierung von Einträgen zum Arbeits- und Sozialverhalten befinden. Es gibt Vorschläge einer Gruppe von Lehrern – Eltern – Schülern, die es zu diskutieren gilt. Von den anwesenden Eltern und Schülern gehört jeweils etwa die Hälfte zu dieser Steuergruppe und versucht im Gespräch, das vorliegende Ergebnis zu erklären und sein Entstehen zu verdeutlichen. Während der Diskussion zeigt sich dem stillen Beobachter folgendes Bild: Von den 18 anwesenden Lehrern sind zwei in ein Privatgespräch vertieft und sehen sich Fotos des jüngsten Sprösslings einer Kollegin an. Einer hat sich mit ausgestreckten Beinen und geschlossenen Augen auf dem Stuhl zurückgelehnt. Eine Person korrigiert Klausuren. Zwei weitere fallen dem gerade Sprechenden permanent ins Wort.

Wie beeinflusst das beschriebene Verhalten die Diskussion?

Das Thema:

▸ *Die Thematik ist im Schulalltag sowohl in den Augen von Lehrern als auch Eltern sehr wichtig.*

▸ *Die aus Lehrern – Eltern – Schülern zusammengesetzte Steuergruppe hat bereits gemeinsam einen Entwurf erarbeitet.*

▸ *Es handelt sich um Beurteilungen, die eine Charakterisierung des Schülers beinhalten, die sich auf sein ganzes weiteres Leben auswirkt, da sie auf seinen Zeugnissen erscheint.*

Die Kommunikation:

▸ *Die Steuergruppe trägt durch ihre Beiträge zur Erläuterung und Entwicklung der Diskussion bei.*

▸ *Ein Teil der anwesenden Lehrer nimmt aktiv an der Diskussion teil.*

▸ *Ein Teil der anwesenden Lehrer signalisiert erhebliches Desinteresse.*

▸ *Letztere verstoßen gegen die Grundprinzipien einer Diskussionsrunde, in der gegenseitiges Zuhören, Ausredenlassen und ernsthafte Auseinandersetzung mit dem Thema vorausgesetzt werden, um zu konstruktiven Ergebnissen zu kommen. Die Wertschätzung aller Beteiligten ist eine Grundvoraussetzung gelingender Kommunikation.*

Über was werden sich die Eltern nach der Sitzung auf den Fluren unterhalten?
Über die ausgetauschten Argumente oder über das Verhalten knapp der Hälfte
der anwesenden Lehrer? Sie werden sich sicher die Frage stellen, ob sie das Sozialverhalten Ihrer Kinder von Menschen beurteilen lassen,
die selbst die Grundsätze des höflichen Miteinanders
nicht beherrschen?

Ganz klar muss ich hier darauf hinweisen, dass sich
auch Eltern natürlich genau diese Fragen stellen müssen.
Und natürlich gilt das beschriebene Verhalten nicht immer und für alle Lehrer. Fakt jedoch ist, dass sowohl
Eltern als auch Lehrer sich viel stärker darüber im Klaren
sein müssen, welchen Einfluss ihr Verhalten auf das Ergebnis von Diskussionen und Konferenzbeschlüssen hat.

■ Klassenpflegschaft

Für die Elternvertretung auf Klassenebene gilt das Gleiche wie für die darauf
aufbauenden Gremien Schulpflegschaft und Schulkonferenz. Meinungsbildung,
Diskussion, Information sind die wichtigen Bestandteile dieses Gremiums.

Mit Recht werden Sie als Lehrer sagen, dass doch genau hier der „Hase im
Pfeffer liegt": Es kommen doch erst gar keine Eltern!
Sind Sie sicher? Hatten Sie genügend Durchhaltevermögen?

Lassen Sie uns ins erste Beispiel einsteigen:
*Klassenpflegschaft in Jahrgang 8. Die Klassenlehrerin hat im Vorfeld mit
der Vorsitzenden der Klassenpflegschaft gesprochen und ihr mitgeteilt,
dass die Schüler ein absolut nicht tolerierbares Arbeits- und Sozialverhalten an den Tag legen und sie unbedingt mit den Eltern darüber
reden müsse. So ginge es schließlich nicht weiter. Sie werde der
Elternvertreterin die Einladung per E-Mail schicken, damit sie sie
unterschreiben könne, und dann würde das Schreiben an alle Eltern
verteilt. Die Einladung ist wie folgt formuliert:*

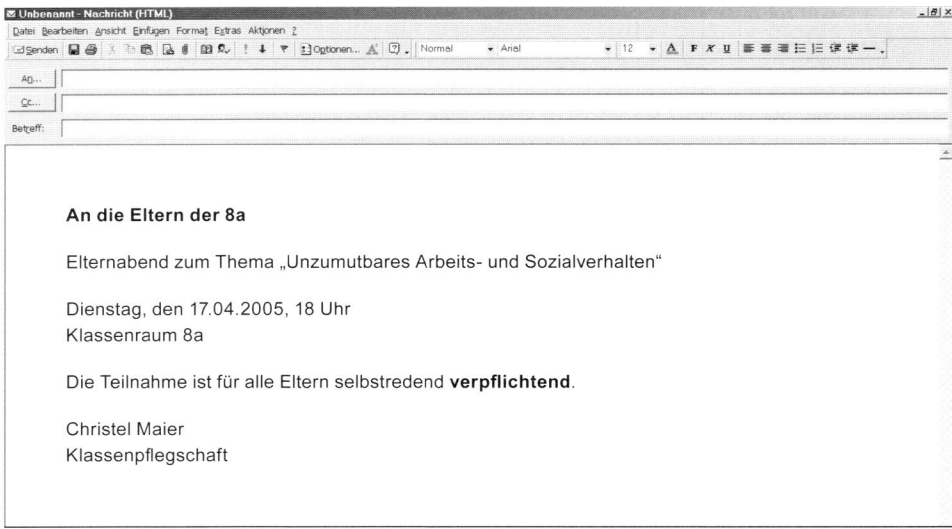

 ## Schauen wir uns diese E-Mail genauer an:

Das Format:

▸ *Es handelt sich um eine Termin-Information mit Aufforderungscharakter.*

▸ *Es gibt keine Erläuterungen über die konkreten Inhalte.*

▸ *Es gibt keine Angaben, ob der Termin unter Beteiligung von Klassen- und/oder Fachlehrern stattfindet.*

Die Kommunikation:

▸ *Die Eltern werden nicht persönlich angesprochen (z.B. „Liebe Eltern, …", „Sehr geehrte Damen und Herren, …").*

▸ *Die frühe Uhrzeit stellt viele Eltern vor Probleme, die ihnen eine Teilnahme entweder stark erschweren oder gar unmöglich machen. Sie fühlen sich bewusst ausgeschlossen.*

▸ *Das Thema wird nicht näher erläutert. Es wird nicht deutlich, ob es sich um ein Phänomen der Klasse im Speziellen oder um einen Themenabend ganz allgemein handelt.*

▸ *Das Wort „unzumutbar" suggeriert, dass die Lehrperson das Verhalten so empfindet. Das Setzen in Anführungsstriche unterstreicht dies noch einmal.*

Das gleiche Thema wurde in einer anderen 8. Klasse wie folgt vorbereitet:

Der Klassenlehrer ruft die Vorsitzende der Klassenpflegschaft an und informiert sie über die aktuellen Schwierigkeiten in Bezug auf das Arbeits- und Sozialverhalten in der Klasse. Sie vereinbaren einen Termin und treffen sich nach Schulschluss, um gemeinsam zu besprechen, wie man sich der Thematik und einer möglichen Lösung des Problems nähern kann. Sie verständigen sich darauf, einen Elternabend durchzuführen, der die Thematik anspricht und ein Meinungsbild einholt, inwieweit vergleichbare Probleme auch in den Familien auftauchen und wie damit umgegangen wird. Die gemeinsam entworfene Einladung lautet:

Liebe Eltern und Erziehungsberechtigte der Klasse 8d!

Unsere Kinder stecken mitten in der Pubertät und jeder von uns kennt die Probleme, die damit verbunden sind:

Vom Kaktus bis zur Mimose –
die Null-Bock-Phase schlägt zu!

Da sich die leidigen Probleme sowohl in der Familie als auch in der Schule tagtäglich Bahn brechen, möchten wir Sie zu einem Elternabend einladen, an dem wir uns zu diesem Thema austauschen können. Vielleicht schaffen wir es, uns gemeinsam einen Weg zu eröffnen, wie wir mit unseren Pubertierenden umgehen können.

Wir treffen uns

am Montag, den 13.3.04 um 20 Uhr im Klassenraum 8d

Wir würden uns freuen, wenn wir möglichst viele Eltern begrüßen dürfen!

Ihre   Ihr
Regina Müller   Willi Brambeck
Klassenpflegschaft   *Klassenlehrer*

Wieso werden mithilfe dieser Einladung viel mehr Eltern erscheinen?
Das Format:

▸ *Es handelt sich um eine Einladung zum Elternabend.*

▸ *Die Eltern werden direkt angesprochen.*

▸ *Das Thema ist benannt und erläutert.*

▸ *Der Abend beginnt zu einer Uhrzeit, die sowohl berufstätigen Eltern als auch Familien mit kleineren Kindern eine Teilnahme ermöglicht.*

Die Kommunikation:

▸ *Die Einladung spricht Eltern, Alleinerziehende und Pflegeeltern an.*

▸ *Die Einladung benennt eine Tatsache und versucht durch die pfiffige Themengebung, möglichst niederschwellig die Eltern für diesen Elternabend zu begeistern.*

▸ *Die Aufforderung zum Erfahrungsaustausch verdeutlicht, dass jeder mit seiner Meinung und seinen täglichen Erlebnissen wahrgenommen wird und eine Berechtigung hat, diese am Abend einzubringen.*

▸ *Der Wunsch nach einer Problemlösung verdeutlicht, dass sowohl Eltern als auch Lehrer sich miteinander auf den Weg machen wollen.*

▸ *Elternvertreterin und Klassenlehrer haben unterschrieben und verdeutlichen so noch einmal, dass beiden daran gelegen ist, sich zu diesem Thema auszutauschen und zu diskutieren.*

Diese letztere Einladung wird sicherlich von den meisten Eltern mit Wohlwollen gelesen werden und sie werden versuchen, an diesem Abend teilzunehmen.

Auch wenn die **Zahl der Eltern** nicht den Erwartungen der Einladenden entsprechen sollte, so muss auch hier das oberste Prinzip sein, dass die Eltern, die an diesem Abend kommen, gerne gesehen sind. Es spricht nichts dagegen, auch mit einigen Eltern zu einem Ergebnis zu gelangen, dass in der Klasse umgesetzt wird. Sowohl Elternvertreter als auch Klassenlehrer müssen sich vor Augen halten, dass Vorbild und Beziehung, bewusstes Verhalten und partnerschaftlicher Umgang, den meisten Einfluss auf Einzelpersonen und Gruppen haben.

Sehen Sie es als Lehrer positiv! Ein gelungener Elternabend spricht sich herum und kann dazu führen, dass in den kommenden Wochen, Monaten und ggf. auch Jahren mehr Eltern interessiert werden können. Gute Beispiele brauchen länger, bis sie sich rumsprechen.

Fachkonferenzen

In den Fachkonferenzen sind Eltern als **beratende Mitglieder** vertreten. An dieser Stelle sind sie in besonderem Maße als außerschulische Experten gefragt, die ihr Wissen aus Beruf, Ausbildung, Studium, Praxis in die Entscheidungen zu Unterrichtsinhalten, Projekten etc. einbringen. Eltern bilden an dieser Stelle das Schlüsselglied zwischen Schule und Ausbildung/Beruf – zwischen Theorie und Praxis.

Viele Eltern sind z.B. in der Ausbildung in Unternehmen tätig und können ihre Erfahrungen in die unterrichtliche Arbeit der Schule einfließen lassen. So kann der Vater, der selbst Elektriker und in der Ausbildung eines großen Unternehmens tätig ist oder als Handwerksmeister selbst ausbildet, sehr hilfreich sein, wenn z.B. die Fachkonferenz Physik darüber entscheidet, welche Schwerpunkte sie in den Jahrgängen 9 und 10 legt. Der Vater stellt z.B. dar, was von den Lehrlingen in seinem Beruf erwartet, welches Fachwissen bei den Azubis vorausgesetzt wird.

In der Fachkonferenz Kunst wird ein Projekt geplant, für das bereits ein Künstler gewonnen werden konnte. Es müssen jedoch noch großformatige Bleche angeschafft werden, aus denen die Kunstobjekte gefertigt werden sollen. Hier meldet sich eine Mutter zu Wort, deren Mann in einem Maschinenbaubetrieb tätig ist, der ebenfalls solche Bleche verarbeitet. Sie knüpft den Kontakt zum Betrieb. So können die Materialen in kurzer Zeit preisgünstig erstanden werden.

Dies sind nur zwei Beispiele unterschiedlicher **Elternbeteiligung in Fachkonferenzen**. Völlig neu wird die Rolle der Eltern in Fachkonferenzen vor dem Hintergrund der Lernstandserhebungen und zentralen mittleren Bildungsabschlüsse, die in einigen Bundesländern eingeführt wurden und werden.

Lernstandserhebungen werden in den Fächern Deutsch, Englisch, Mathematik durchgeführt. Sie bewerten, wie die einzelne Schule insgesamt und in einzelnen Kursen/Klassen des 9. Jahrgangs die Lernziele erreichen. Darauf aufbauend folgen die schulinterne Evaluation und die Umsetzung der Ergebnisse in konkrete schulinterne Unterrichtsentwicklung.

An dieser Stelle sind vor allem die Eltern in den Fachkonferenzen gefragt, aktiv mitzuwirken. Eltern sollen und müssen die Arbeit der Schule unterstützen und sind über die Leistungen ihrer Kinder direkt mit den „Auswirkungen" guter und weniger guter schulischer Arbeit konfrontiert. Mit welcher Qualifikation ihr Kind bei den Prüfungen zum mittleren Bildungsabschluss abschneidet, ist nicht mehr nur allein auf die Leistungsfähigkeit des Kindes zu reduzieren. Erstmals wird durch die Lernstandserhebungen „sichtbar", wie und ob die Schüler adäquat wichtiges Wissen vermittelt bekommen.

Wollen Lehrer also Eltern auf diesem Weg mitnehmen und sie nicht nur auf die Rolle des mäkelnden, einfordernden Elternteils beschränken, so müssen sie aufgefordern werden, aktiv an den Fachkonferenzen teilzunehmen und ihr **Expertenwissen** einfließen zu lassen. Wichtig ist, dass Sie als Lehrer die Eltern zur Mitarbeit in den Fachkonferenzen auffordern.

Das kann folgendermaßen aussehen:
Die Liste für die Fachkonferenzen, in die sich die Eltern eintragen können, wird während der ersten Klassenpflegschaft des Schuljahres herumgereicht. Auf die Frage eines Vaters, was denn Fachkonferenzen seien und welche Eltern dort mitwirken können, antwortet die Klassenlehrerin:

Beispiel 1:
„So genau weiß ich das auch nicht. Eigentlich sitzen da nur wir Fachlehrer. Ich glaube, Eltern haben auch nur beratende Stimme. Da müssten Sie mal die Schulpflegschaft fragen."

Beispiel 2:
„Die Fachkonferenzen setzen sich aus den Fachlehrern zusammen. Hier diskutieren wir die Unterrichtsinhalte, welche Bücher wir benötigen, welche Projekte wir planen usw. Wir freuen uns immer darüber, wenn wir Eltern in unserer Gruppe haben, die interessiert sind an dem Fach oder sogar beruflich damit zutun haben. Diese Eltern sind beratend tätig und unterstützen unsere Arbeit."

Auch hier gilt, dass der informierte Lehrer, der sich „auskennt", als wesentlich größerer Anreiz für Elternaktivität wirkt. Er erscheint professionell und zeigt ernsthaftes Interesse an schulischen Dingen allgemein und in Bezug auf die Elternbeteiligung insbesondere. Wenn der Lehrer nicht weiß, welche Aufgaben Eltern in einem solchen Gremium haben, suggeriert er, dass Eltern nicht erwünscht sind bzw. an dieser Stelle überhaupt nicht wahrgenommen werden. Auch er selbst scheint am Geschehen in diesem Gremium oder der schulischen Arbeit nicht interessiert zu sein.

 **Fazit:**

Es gibt vier gesetzlich verbriefte Gremien, in denen Eltern aktiv an Schule, an schulischer Entwicklung mitarbeiten können und sollen: die Klassenpflegschaft, die Schulpflegschaft, die Schulkonferenz und die Fachkonferenzen.

Werden engagierte Eltern für diese Gremienarbeit gewonnen, so zieht dies vorbildhaft seine Kreise bis in die Klassen hinein. Bestehen bereits Probleme bei der gesetzlichen Mitwirkung in der Form, dass Eltern nicht zur Wahrnehmung ihrer Rechte kommen, weil man z.B. Sitzungen nur dann zulässt, wenn die Schulleitung oder der Klassenlehrer dies für sinnvoll halten, dann wird es schwer werden, Eltern auch für weiterführendes Engagement zu gewinnen.

Eine positive Grundhaltung gegenüber Eltern und ihren Rechten, die selbstredend die Pflichten nicht außen vor lassen, ist der Grundstock für gelingende Elternarbeit. Die Anerkennung von Eltern als Experten für ihre Kinder und Partner in der Erziehung und Bildung ist Grundvoraussetzung für ein konstruktives Miteinander.

2.4 Der Elternsprechtag

Elternsprechtage sind für Schüler, Eltern und Lehrer gleichermaßen die anstrengendsten und oftmals unbefriedigendsten Tage im Schulalltag.

Ob sich Eltern von Lehrern motivieren lassen, sich für die Schule, für die Klasse und somit auch für die Lehrer einzusetzen, hängt in besonderem Maße von einer funktionierenden Kommunikation und der Konflikt- sowie Kritikfähigkeit vor allem der Lehrer ab. Eltern erwarten (siehe Kap. 1) von Lehrern, dass Pädagogen diese Kompetenzen mitbringen und in ihre tägliche Arbeit einbinden.

In einem **Workshop** zum Thema „Beratungsgespräche in der Schule" in der Bezirksregierung in Detmold äußerten sich bis auf zwei Ausnahmen alle anwesenden Eltern unzufrieden mit dem Verlauf der Gespräche. Sie kritisierten die Art, wie sie von Lehrern angesprochen werden und die ungenügende Lösungsorientierung. Sie bemängelten auch, dass für ein „wirkliches" Gespräch immer die Zeit fehle und Lehrer viel zu selten die Chance wahrnehmen, Eltern zu anderen Zeiten als zu Elternsprechtagen zu einem Gespräch einzuladen, wenn es um die Schwierigkeiten ihrer Kinder geht. Sie wünschen sich schnellere Informationen über Probleme und wollen an der Lösung beteiligt werden. Aber eben schon dann, wenn die Schwierigkeiten noch überschaubar und die „Gegenmaßnahmen" noch umsetzbar sind. Ist das Kind erst in den Brunnen gefallen, sind nicht nur die Lehrer, sondern insbesondere auch die Eltern mit der Situation überfordert. In diesen Gesprächssituationen kommt es sowohl bei Eltern als auch bei Lehrern zu einer Vermischung von Sachlage und Gefühlen. Schuldzuweisungen, Anschuldigungen und die Unterstellung, der jeweils andere tue nicht sein Bestes, sind häufig die Konsequenz.

Eltern sind sich dabei durchaus bewusst, dass sie sehr hohe Ansprüche an Lehrer stellen. Sie sehen dies jedoch vor dem Hintergrund der Fähigkeiten, die Arbeitgeber von ihnen tagtäglich verlangen und dies unabhängig davon, ob sie Verkäuferin, Handwerker oder Manager sind. Sie müssen soziale, kommunikative Kompetenzen haben, ohne jemals diese Qualifikationen studiert oder in Fortbildungen erlernt zu haben. Konfliktfähigkeit und Lösungsorientierung gehören in der heutigen Zeit zu den geforderten Basiskompetenzen in der Berufswelt. Warum also sollten sie diese Ansprüche nicht auch an die Lehrer stellen?

Ich bin fest davon überzeugt, dass alle Lehrer diese Kompetenzen besitzen. Es ist ihnen oftmals nur nicht präsent, wie groß der Einfluss eines gezielten, professionellen Einsatzes wichtiger Gesprächsregeln, z.B. die eigene Haltung und die Wertschätzung des Gegenübers, auf ein gelingendes Beratungsgespräch ist. Die folgenden Beispiele sollen dies verdeutlichen.

Elternsprechtag im 9. Jahrgang: Frau Schmitz und Sohn Maik haben einen Termin beim Mathematik- und Klassenlehrer, Herrn Wichert. Wie immer ist der Zeitplan nicht einzuhalten, da bei den vorherigen Terminen bei anderen Fachlehrern bereits Wartezeiten entstanden sind. Sie klopfen an das Klassenzimmer, in dem Herr Wichert seine Sprechstunde abhält. Von innen kommt ein kaum hörbares „Herein". Als Frau Schmitz und ihr Sohn den Raum betreten, sitzt Herr Wichert über einer Zeitschrift gebeugt am Pult und murmelt auf das „Guten Tag" ein: „Kommen Sie, setzen Sie sich!" Die beiden nehmen ihm gegenüber auf zwei Stühlen Platz und warten, bis Herr Wichert seine Lektüre beendet hat. Maik zupft an seinem Pullover. Frau Schmitz hält die Hände in ihrem Schoß gefaltet. Auf dem Pult herrscht ein Chaos aus Heften, Schulbüchern und losen Blättern. Als der Mathematiklehrer aufschaut, lehnt er sich auf dem Stuhl zurück und verschränkt die Arme. Es entwickelt sich folgender Dialog:

Herr Wichert: „Ach ja, die Frau … äh … Frau Schmitz. Gut, dass ich Sie auch mal zu Gesicht bekomme! Maik ist auch mit. Na ja, wenn du dir unbedingt anhören musst, was ich mit deiner Mutter zu besprechen habe … Frau Schmitz, wissen Sie eigentlich, dass ihr Sohn vor allem dadurch auffällt, dass er nie seine Hausaufgaben hat und sich weigert, vernünftig am Unterricht teilzunehmen?"

Frau Schmitz: „Nein, soweit ich weiß, macht Maik immer seine Hausaufgaben. Aber er hat oft Schwierigkeiten, weil er den Stoff nicht versteht."

Herr Wichert: „Was soll da schwierig sein?"

Frau Schmitz: „Er ruft oft seine Mitschüler an, damit die ihm die Aufgaben erklären. Fragt er denn im Unterricht nicht nach? Oder wenn Sie Übungsaufgaben geben?"

Herr Wichert: „Dafür ist die Zeit zu knapp. Das müssen die Schüler schon selbst bewerkstelligen, wenn sie, aus welchem Grund auch immer, nicht mitkommen."

Frau Schmitz: „Ich bin davon ausgegangen, dass Sie den Schülern bei den Übungen Hilfestellung geben."

Herr Wichert: „Dafür ist die Gruppe zu groß."

Frau Schmitz: „Wenn Maik sich meldet, nehmen Sie ihn aber nie dran. Er kann also gar nicht fragen."

Herr Wichert: „Die ewigen Fragen kann ich den anderen in der Klasse nicht zumuten. Die sind alle wesentlich weiter als er."

Frau Schmitz: „Haben Sie denn eine Idee, wie ich Maik unterstützen kann?"

Herr Wichert: „Versuchen Sie es mal mit Nachhilfe. So, Maik, reiß dich mal ein bisschen zusammen. Und wenn du vernünftige Fragen stellst, dann nehme ich dich auch dran. So, die Nächsten warten. Frau Schmitz, Maik, auf Wiedersehen."

 Wieso werden Frau Schmitz und auch Maik sehr unbefriedigt aus diesem Gespräch herausgehen?

Der Klassenraum:

▹ *Die Hierarchie Eltern – Lehrer wird aufrechterhalten, indem der Lehrer das Pult als seinen Arbeitsplatz auch als Ort des Gesprächs wählt. Er sitzt hinter dem Pult, die Mutter mit ihrem Sohn auf der Schülerseite.*

▹ *Das Chaos auf dem Pult vermittelt den Eindruck, dass die Konzentration des Lehrers auf alle möglichen Dinge gerichtet ist, jedoch nicht auf das Gespräch.*

Nonverbale Kommunikation:

▹ *Der Lehrer liest weiter, als die Mutter und ihr Sohn den Raum betreten.*

▹ *Zu Beginn des Gespräches lehnt er sich zurück.*

▹ *Er verschränkt die Arme.*

▹ *Seine ganze Haltung signalisiert Ablehnung und Abstand.*

▹ *Frau Schmitz sitzt gelöst und offen dem Lehrer gegenüber.*

▹ *Maik ist nervös und zupft an seinem Pullover.*

Killerphrasen:

▶ *„Gut, dass ich Sie auch mal zu Gesicht bekomme!"*
▶ *„Was soll da schwierig sein?"*
▶ *„Dafür ist die Zeit zu knapp."*
▶ *„Dafür ist die Gruppe zu groß."*
▶ *„Die ewigen Fragen kann ich den anderen in der Klasse nicht zumuten."*

Wahrnehmung des Gesprächspartners:
Mutter ⇨ Lehrer

▶ *Sie informiert, dass der Sohn Schwierigkeiten hat. Die Mutter öffnet sich emotional dem Gegenüber.*
▶ *Sie fragt konkret nach, wie der Lehrer die Situation im Unterricht beurteilt, die ihr Sohn geschildert hat.*
▶ *Sie fragt nach Unterstützung und Hilfen, ohne den Lehrer zu beschuldigen.*
▶ *Sie geht auf das Thema ein, ohne den Lehrer anzugreifen, zu verurteilen oder seine Handlungen zu werten.*

Lehrer ⇨ Mutter

▶ *Er begrüßt die Mutter nicht, sondern konfrontiert sie sofort mit einer Aussage bezüglich des unerwünschten Verhaltens des Sohnes.*
▶ *Er geht auf die Fragen der Mutter nicht ein.*
▶ *Er antwortet ablehnend und kurz angebunden.*
▶ *Er vermittelt den Eindruck, mit dem Problem nichts zu tun zu haben.*
▶ *Er informiert über ein Problem und erwartet die Lösung seitens der Eltern.*
▶ *Er kommuniziert problemorientiert.*

Lehrer ⇨ Schüler

▶ *Eine Kommunikation zwischen Lehrer und Schüler findet nicht statt.*
▶ *Der Lehrer bezeichnet die Schüler als „unerwünscht".*
▶ *Er fordert den Schüler auf, sich zu ändern.*
▶ *Der Lehrer spricht über den Schüler, aber nicht mit ihm.*

Der **Lehrer** *hat wahrscheinlich den Wunsch, endlich einmal seinem Ärger über das Verhalten von Maik „Luft machen zu können". Das ist sein Gesprächsziel. Durch seine kurzen, knappen Antworten führt er der Mutter vor Augen, dass nun sie an der Reihe ist, etwas am Verhalten ihres Sohnes zu ändern. Er hat somit die Verantwortung für das Verhalten des Schülers an die Mutter abgegeben.*

*Die **Mutter** hatte sich erhofft, über das Problem mit den Hausaufgaben und den Schwierigkeiten mit dem Fach Mathematik im Allgemeinen mit dem Lehrer sprechen zu können. Sie hinterfragt Maiks Sicht der Dinge und bittet um Hilfestellung. Sie geht auf die recht barschen Antworten des Lehrers nicht direkt ein und gibt ihm somit die Gelegenheit, zu einem sachlichen Gespräch zu kommen. Sie signalisiert verbal und nonverbal, dass sie Verständnis für den Lehrer hat und zu einem offenen, sachlichen Gespräch bereit ist.*

*Letztendlich wird dieses Angebot von Seiten des Lehrers nicht angenommen. Er führt lediglich aus, was er selbst im Unterricht nicht leisten kann und was er deshalb von seinem Schüler erwartet. Somit kann **kein konstruktives Beratungsgespräch** entstehen. Der Lösungsvorschlag, Maiks Schwierigkeiten durch Nachhilfeunterricht zu überwinden, ist zwar eine Lösung. Doch diese konkrete Lösung war für den Lehrer nicht Ziel des Gesprächs.*

*Mit allergrößter Wahrscheinlichkeit werden **Mutter und Sohn** frustriert den Raum verlassen. Die Mutter hatte sich erhofft, dass der Lehrer sie nicht nur auf Schwierigkeiten ihres Sohnes hinweist, sondern Lösungen vorschlägt und mit ihr bespricht. Maik wird sich bestätigt fühlen, da er doch gleich gesagt hat, es brächte nichts, zu diesem Lehrer zu gehen. Schließlich hat er ja schon im Unterricht erfolglos versucht, von ihm Hilfestellung zu bekommen. Frau Schmitz wird sich den Kopf zerbrechen, wie sie ihrem Sohn helfen kann und wo sie einen Nachhilfelehrer bekommt, den sie auch bezahlen kann. Die von ihr gewünschte und gewollte Mitarbeit beschränkt sich darauf, die Defizite des Kindes zur Kenntnis zu nehmen und selbst für Abhilfe zu sorgen.*

*Auch wenn sich das Gespräch mit Maiks Problemen beschäftigte, so wurde es doch auf verschiedenen Ebenen geführt: Der Lehrer ist emotional betroffen und macht seinem Unmut „Luft". Die Mutter bemüht sich um eine gemeinsame Lösung des Problems auf sachlicher Ebene. **Eine Kommunikation auf gleicher Augenhöhe war zu keiner Zeit möglich.** Es war ihnen nicht möglich, ein sach- und lösungsorientiertes Gespräch zu führen. Zeitdruck, emotionale Betroffenheit und verschiedene Vorstellungen, ob und wie das Problem gelöst werden sollte, haben dies den Beteiligten unmöglich gemacht. Es ist durchaus legitim, seine Gefühle und Bedürfnisse zu formulieren. Es ist jedoch immer zu hinterfragen, ob die daraus resultierenden Handlungen angebracht und der Lösung eines Problems dienlich sind.*

Für dieses Gespräch heißt das:

Es ist durchaus in Ordnung, dass der Lehrer Mutter und Sohn darauf aufmerksam macht, wie schwierig es ist, im Schulalltag auf die Schwierigkeiten eines Schülers einzugehen, und dass diese Situation belastend für ihn ist. Es ist einem konstruktiven, lösungsorientierten Beratungsgespräches jedoch nicht dienlich, dass er dies in Form einer Anschuldigung umsetzt: „Wissen Sie eigentlich, dass ihr Sohn … auffällt …?" Es ist ebenfalls nicht hilfreich, diese Aussage im Raum stehen zu lassen und alle Versuche der Mutter, die Situation weiter zu hinterfragen und zu einer Lösung zu kommen, mit kurzen, abwehrenden Antworten wie „Zeit zu knapp", „Gruppe zu groß", „nicht zuzumuten" zu kommentieren.

Auf diese Weise werden Eltern nicht motiviert, mit dem Lehrer an einem Strang zu ziehen, da sie sich weder als Gesprächspartner noch als Partner des Lehrers in seiner Arbeit mit ihrem Kind ernst genommen fühlen. Auf diese Weise werden Eltern verschreckt und nicht motiviert.

Wie könnte diese Situation alternativ aussehen?

Elternsprechtag im 9. Jahrgang: Frau Schmitz und Sohn Maik haben einen Termin beim Mathematik- und Klassenlehrer, Herrn Wichert. Wie immer ist der Zeitplan nicht einzuhalten gewesen, da bei den vorherigen Terminen bei anderen Fachlehrern bereits Wartezeiten entstanden waren. Sie klopfen an das Klassenzimmer, in dem Herr Wichert seine Sprechstunde abhält. Herr Wichert öffnet die Tür und begrüßt Frau Schmitz und Maik mit Handschlag. Sie betreten gemeinsam den Klassenraum. In der Mitte stehen vier Stühle, auf denen sie Platz nehmen. Auf einem Tisch in der Nähe liegen sortierte Unterlagen. Herr Wichert nimmt eine Mappe auf seinen Schoß und lächelt Frau Wichert und Maik an. Beide erwidern dies. Es entwickelt sich folgender Dialog:

Herr Wichert: „Schön, dass Sie gekommen sind. Ich freue mich immer, wenn ich mit Schülern und Eltern gemeinsam sprechen kann. Wann ist das sonst schon einmal möglich. Ja, Maik, du weißt, dass ich immer sehr daran interessiert bin, was meine Schüler denken, ob sie Fragen haben, Schwierigkeiten. Vieles lässt sich im Unterricht nicht immer so regeln, wie wir uns das so ideal vorstellen würden. Gibt es etwas von deiner Seite, was wir heute besprechen sollten?"

Maik: „Ja, ich habe immer Probleme mit den Aufgaben. Ich verstehe die oft nicht und kann dann die Hausaufgaben nicht machen."

Frau Schmitz: „Wir haben zu Hause fast täglich Diskussionen deshalb. Ich frage Maik immer, ob er Sie im Unterricht gefragt hat und ob ihm keiner bei der Lösung der Aufgaben behilflich sein kann."

Herr Wichert: „Im Unterricht stellt sich für mich die Situation so dar, dass Maik sich recht selten beteiligt. Es ist mir aufgefallen, dass du sehr oft die Hausaufgaben gar nicht oder nur unvollständig hast. Bisher hast du mir dafür leider keine Erklärung gegeben, wenn ich dich gefragt habe. Gut, dass wir heute darüber sprechen können. Wo liegt denn deiner Meinung nach das Problem?"

Maik: „Ich traue mich nicht zu fragen, weil die andern dann immer stöhnen und dumme Bemerkungen machen."

Herr Wichert: „Das verstehe ich. Wir haben sehr leistungsstarke Schüler in der Klasse und es ist mir immer ein Anliegen, dass wir die schwächeren Schüler nicht vergessen. Das ist für diese Schüler aber jedes Mal ein Problem. Wir arbeiten sehr daran, dies zu ändern."

Frau Schmitz: „Was kann Maik denn konkret tun und wie kann ich ihn zu Hause unterstützen?"

Herr Wichert: „Zuallererst biete ich dir an, dass du nach dem Unterricht zu mir kommst, mir sagst, dass du Probleme hast, und wir besprechen, was zu tun ist. Während des Unterrichts ist dafür meist keine Zeit. Aber nachher ist das okay. Dann könnte ich mir auch vorstellen, dass Frank dir vielleicht bei den Hausaufgaben helfen könnte. Mit dem verstehst du dich doch ganz gut?!"

Maik: „Ja, wir sehen uns auch öfter mal nachmittags."

Herr Wichert: „Siehst du. In einer der nächsten Mathestunden besprechen wir mit ihm, wie er dir helfen kann. Und ich denke, Sie, Frau Schmitz, rufen mich an, wenn es Probleme gibt. Wenn wir in Verbindung stehen, dann können wir schneller die Probleme lösen."

Frau Schmitz: „Prima, könnten wir vielleicht vereinbaren, dass ich die Hausaufgaben immer gegenzeichne, damit Sie einen Überblick haben, ob ich sie gesehen habe? Dann können wir beide sicher sein, dass Maik und Frank auch tatsächlich die Aufgaben machen und nicht nur Computer spielen."

Herr Wichert: „Gerne, kein Problem. Ich werde mir eh deine Hausaufgaben in der nächsten Zeit öfter ansehen. Dann weiß ich, wo der Schuh drückt und was du noch mehr üben musst oder was ich dir vielleicht noch mal erklären sollte. Ist das okay?"

Maik: „Ja, ich denke schon."

Herr Wichert: „Gut. Ansonsten bin ich absolut zufrieden mit dir. Du bist ein leistungsfähiger Schüler, der ein bisschen mehr Hilfe braucht als andere, aber das ist durchaus dein Recht."

Frau Schmitz: „Vielen Dank für die Hilfe, Herr Wichert. Ich werde mich bei Ihnen melden und Sie informieren, wie es mit Frank und Maik klappt. Ich denke, so können wir ihm helfen."

Herr Wichert: „Wunderbar. Dann alles Gute und Kopf hoch, Maik. Du schaffst das! Wir schaffen das zusammen."

Was macht dieses Gespräch so viel besser?

Der Klassenraum:

▸ *Es gibt ein Gegenüber in Augenhöhe. Ein kleiner Stuhlkreis ist barrierefrei.*

▸ *Auf einem separaten Tisch liegen geordnete Unterlagen, die nicht die Aufmerksamkeit auf sich ziehen und vom Gespräch ablenken.*

Nonverbale Kommunikation:

▸ *Der Lehrer sucht den persönlichen Kontakt mit der Mutter und dem Schüler, indem er sie mit Handschlag begrüßt.*

▸ *Der Lehrer hat Notizen und hat sich auf das Gespräch mit dem Schüler und dessen Eltern vorbereitet.*

▸ *Er beginnt das Gespräch mit einem Lächeln.*

▸ *Seine Haltung ist locker und signalisiert Offenheit.*

▸ *Mutter und Sohn signalisieren ebenfalls Offenheit durch ein Lächeln.*

Killerphrasen:

▸ *Phrasen werden nicht benutzt.*

▸ *Es werden keine Urteile gefällt.*

Wahrnehmung des Gesprächspartners:

Mutter ⇨ Lehrer

▸ Die Mutter geht offen mit dem Problem des Sohnes um und negiert
es nicht.

▸ Die Mutter akzeptiert die Sichtweise des Lehrers.

▸ Sie bietet Unterstützung bei der Umsetzung der Lösungsvorschläge an.

▸ Sie geht auf das Thema ein, ohne den Lehrer anzugreifen, zu verurteilen
oder seine Handlungen zu werten.

Lehrer ⇨ Mutter

▸ Der Lehrer begrüßt Mutter und Sohn freundlich und persönlich.

▸ Er geht auf die Fragen und Vorschläge der Mutter vorurteilsfrei,
empathisch ein.

▸ Er unterstützt die Mutter bei der elterlichen Hilfestellung.

▸ Er bewertet die Aussagen der Mutter nicht.

Lehrer ⇨ Schüler

▸ Der Lehrer spricht den Schüler direkt an.

▸ Er fragt den Schüler nach seinen Bedürfnissen, über was er mit ihm
sprechen möchte.

▸ Er bietet Lösungen an.

▸ Er bestätigt den Schüler auch positiv.

▸ Er reduziert ihn nicht nur auf das angesprochene Problem.

▸ Er gibt ihm die Möglichkeit, sich selbst ins Gespräch einzubringen.

▸ Er vergewissert sich seiner Zustimmung.

Schüler ⇨ Lehrer

▸ Maik artikuliert offen seine Probleme.

▸ Er vertraut dem Lehrer und greift ihn nicht an.

Dieses Gespräch fand in den **sehr schmalen zeitlichen Rahmenbedingungen
eines Elternsprechtages** statt. Eltern und Lehrer müssen sich dieser Realität stellen.
Ist eine Klärung des Problems im engen Zeitraum eines Elternsprechtages nicht
möglich, so sollte ein gesonderter Gesprächstermin stattfinden.

Der **Lehrer** hat in diesem Gespräch die ernsthafte Auseinandersetzung mit den
Schwierigkeiten seines Schülers ermöglicht, von denen er im Vorfeld bereits Kenntnis
hatte. Er konnte seine Lösungsvorschläge darstellen und fand darüber hinaus die
weitergehende Unterstützung der Mutter. Der **Schüler** wird von ihm in die Lösungs-

findung einbezogen und seine Zustimmung ist wichtiger Bestandteil des Gesprächs. Durch die positive Bestätigung am Gesprächsende wird der Schüler als Person nicht auf das Problem reduziert, sondern der Lehrer nimmt ihn als Person wahr. Der Schüler wurde von ihm direkt angesprochen. Er ermöglichte ihm auf diesem Wege, das Problem selbst zu benennen. Der Lehrer wird zum Partner des Schülers. Die **Mutter** wird zwar nicht direkt zum Problem angesprochen, aber ihre Meinung und ihre Anregungen werden im Gespräch aufgenommen. Durch die Ergänzungen zu den Aussagen des Schülers erhält die Mutter Einblick in den schulischen Alltag und kann sich eine Meinung bilden. So kann sie sich aktiv in das Gespräch einbringen. Wenn Mutter und Sohn den Klassenraum verlassen, werden sie sicher sofort in die Überlegungen einsteigen, wie und wann sie Frank ansprechen, wie sie die Hausaufgabenhilfe organisieren und wann die Mutter die Hausaufgaben ansieht. Sie sind mit dem Gefühl aus dem Gespräch gegangen, dass der Lehrer offen war für die Schwierigkeiten. Dass er durchaus von ihnen wusste und bereit war, auch sich selbst professionell in die Problemlösung einzubringen. Er steht Mutter und Sohn als Ansprechpartner zur Verfügung.

Die konkreten Gespräche mit einzelnen Lehrern an Sprechtagen tragen maßgeblich zum **Bild der Eltern** über DIE Schule und DIE Lehrer an der Schule bei. Besonders wichtig in diesem Zusammenhang ist, dass der Lehrer sich auf die Gespräche vorbereitet hat. Das heißt, er kennt die Namen und Gesichter seiner Schüler, ihr Verhalten im Unterricht, ihre Stärken und Schwächen. Im Idealfall hat er sich Notizen dazu gemacht und hat nicht nur den Notenspiegel vor sich liegen. Es gibt in der Tat Lehrer, denen der Name des Schülers, der am Elternsprechtag vor ihnen sitzt, nicht einfällt. Oder er kann mit dem Namen des Kindes nichts anfangen, wenn die Eltern allein zum Gespräch kommen. Wie kann dann ein Beratungsgespräch stattfinden? Wie kann dieser Lehrer die Eltern über den Leistungsstand ihres Kindes informieren? Da hilft auch keine nette Begrüßung, wenn er eigentlich von Heinz Müller sprechen sollte, aber Heinz Meier meint. Lehrer müssen sich vergewissern, wie sie kommunizieren, welche nonverbalen Signale sie aussenden. Sie sollten das Gespräch auf Augenhöhe suchen und Eltern wie Schülern die Möglichkeit geben, ihre Bedürfnisse, Sorgen, Ängste zu formulieren. Lehrer sollten die professionellen Partner in Sachen Bildung und Erziehung sein, gemeinsam mit Eltern und Kindern Lösungen suchen und bei der Umsetzung Hilfestellung leisten.

Natürlich müssen die Schüler und Eltern die Lösung von Problemen verantwortlich mit in die Hand nehmen. Genauso selbstverständlich muss es aber auch für Lehrer sein, dass sie die Verantwortung für das, was in ihrem Unterricht geschieht, wie ihre Schüler lernen und welche Probleme dabei auftreten, ebenso übernehmen. Auch hier gilt die Einflussnahme auf Eltern- und Schülerverhalten durch das **eigene Vorbild** und die eigene Haltung zu den Schülern und ihren Eltern. Offenheit, Ernsthaftigkeit, vorurteilsfreier Umgang miteinander sind nur einige Schlagworte. Der Lehrer in meinem Beispiel ist offen für die Gefühle und Äußerungen des Schülers und der Mutter und bewertet sie nicht (*„Gibt es etwas von deiner Seite, was wir besprechen sollten?", „Das verstehe ich.", „Wo liegt deiner Meinung nach das Problem?", „Gerne, kein Problem.", „Ist das okay?"*). Er bietet Lösungen an, nimmt die Vorschläge der Mutter ernst und arbeitet sie in seine Vorschläge ein. An keiner Stelle des Gespräches werden Vorwürfe erhoben oder Schuldzuweisungen vorgenommen.

In der **Beratungssituation** habe ich oft erlebt, dass Lehrer alle Probleme sehr persönlich genommen haben. Dass sie oftmals glaubten, alle Probleme allein lösen zu müssen. Beide Verhaltensweisen erschweren die Elternarbeit: Zum einen sollte Kritik immer auf der Sachebene stattfinden. Auch wenn mein

Gegenüber dies nicht beherrscht, ist es meine Aufgabe, durch sachliche Diskussion eine ebenso sachbezogene Kommunikationsebene zu schaffen. Zum anderen sind Lehrer zwar pädagogische Experten. Jedoch hat jeder Experte – nicht nur der Lehrer – seine Grenzen. Fachlicher Rat durch Jugendhilfeeinrichtungen sind kein Hinweis auf Versagen, sondern ein Zeichen von Professionalität: Ich weiß, wer ein Problem lösen kann, wenn es meine Kompetenzen überschreitet. Wie wichtig gerade das Wissen um Grundzüge einer gelingenden Kommunikation ist, zeigt sich vielleicht am deutlichsten, wenn Sie sich als Lehrer in folgende Situation versetzen:

Der Schulleiter ruft Sie in sein Büro. Sie wissen, dass es ein Problem mit dem Schüler Meyer aus Ihrer Klasse gibt. Als sie ins Büro kommen, begrüßt er sie mit den Worten:

„Da sind Sie ja endlich! Was haben Sie sich eigentlich dabei gedacht, dem Schüler Meyer so was durchgehen zu lassen? Das ist ja unglaublich! Mit wie viel Inkompetenz wollen Sie denn hier noch glänzen?"

Oder:

„Schön, dass Sie so schnell kommen konnten. Ich habe gerade von den Schwierigkeiten mit Ihrem Schüler Meyer gehört. Wie sieht denn die ganze Sache von Ihrer Seite aus. Erzählen Sie mir doch mal, was da genau vorgefallen ist."

Wie würden Sie sich fühlen? Frustriert? Motiviert? Ernst genommen? Beschämt und degradiert? Gilt dies für Eltern und Schüler nicht ebenso?

Auch Eltern wollen wertgeschätzt werden. Sie nehmen ebenso wie jeder andere Mensch für sich in Anspruch, dass man ihnen höflich, wertschätzend und ernsthaft gegenübertritt. Dass man sie nicht beschämt und ihren Gefühlen und Bedürfnissen offen und vorurteilsfrei gegenübersteht.

2.5 Konfliktsituationen

„Also, Herr Kollege, das müssen Sie sich mal vorstellen. Da hatte ich doch gerade die Eltern von Fritz Müller bei mir. Sie kennen ja das Früchtchen: ständig zu spät, ständig quatscht er dazwischen, ständig Ärger mit den Mitschülern. Und damit ich endlich wieder normalen Unterricht machen kann, hab ich mir die Eltern einbestellt. Meinen Sie, die hätten verstanden, was ich von denen wollte? Behaupten die doch tatsächlich, ich müsste das im Unterricht regeln! Die sind richtig frech geworden."

Oder:

„Also, Frau Krause, das müssen Sie sich mal vorstellen. Bestellt uns doch der Lehrer von unserem Fritz in die Schule, weil er mit uns etwas besprechen will. Da zieht der doch vom Leder und erzählt uns, wir würden unseren Sohn nicht erziehen, hätten keine Ahnung, was er jeden Tag so abzieht. Fritz wäre unzumutbar für die Klasse und die Schule! Unglaublich!"

Fragt man Lehrer und Eltern, welche Situationen in der Schule für sie die schwierigsten sind, werden sie die Elternsprechtage und Konfliktgespräche benennen. Die **emotionale Betroffenheit** beider Seiten ist oftmals das größte Hindernis für ein gelingendes Gespräch.

Im vorherigen Kapitel habe ich das bereits angerissen: Es ist durchaus legitim und angemessen, dass ich Gefühle (z.B. Wut, Frustration, Resignation) äußere, meine persönliche Betroffenheit zum Ausdruck bringe und so auch verdeutliche, welche Belastung eine bestimmte Situation für mich darstellt.

Schwierig wird es, wenn sich ausschließlich **negative Gefühle** bei mir aufgebaut haben und mein Handeln bestimmen. Wütend zu sein, ist ein durchaus angemessenes und wichtiges Gefühl. Genauso wichtig ist aber, sich selbst zu hinterfragen, was das auslösende Gefühl für meine Wut ist. Fühle ich mich von

der Mutter/dem Vater/dem Schüler schlecht oder ungerecht behandelt? Oder fühle ich mich ihnen gegenüber machtlos, hilflos?

Fühle ich mich schlecht behandelt, ist eine gute Kommunikation noch denkbar, da viele logische und sachorientierte Gründe zur Argumentation mit meinem Gegenüber herangezogen werden können. Ich kann z.B. konkrete Situationen benennen, Konfliktsituationen schildern, Aussprüche wiederholen. Darüber kann ich mit meinem Gegenüber sprechen und nach einer Lösung suchen.

Fühle ich mich jedoch hilflos, ist eine Kommunikation ungleich schwieriger. Das Gefühl von **Hilflosigkeit** bewirkt fast automatisch, dass wir die Schuld bei anderen suchen. Wir haben uns schon oft gefragt, was wir noch tun können. Alle Antworten und Gegenmaßnahmen waren scheinbar wirkungslos – wir fühlen uns hilflos. Der andere zeigt scheinbar ganz absichtlich bestimmte Verhaltensweisen, nur um einen zu ärgern! Diese Gefühle sind in meinem Kopf, in meinen Gedanken: Ich kann nichts machen, weil der andere mich ärgern will.

Wer kennt dieses Gefühl nicht?! Wer weiß nicht, wie schwer es ist, aus diesen Gefühlen auszubrechen, sie einfach nicht mehr zuzulassen!? Wohl dem, der einen guten Freund hat, der sich als fähig erweist, die verschiedenen Emotionen zu entwirren und uns einen freien Blick auf das eigentliche Problem ermöglicht.

In **Konfliktsituationen mit der ganzen Klasse** und auch einzelnen Schülern zeigen sich oftmals genau diese Gefühle und persönlichen Betroffenheiten. Sie alle haben ihre Berechtigung. Natürlich dürfen wir uns hilflos fühlen oder wütend werden. Wir müssen uns jedoch bewusst sein, dass unsere Gefühle nicht nur unser Denken, sondern auch unser Handeln beeinflussen. Bevor wir also in ein entsprechendes Gespräch gehen, um einen Konflikt zu lösen, sollten wir selbst reflektiert haben, wie wir reagieren und handeln, was/wer bestimmte Reaktionen bei uns auslöst.
Gefühle wie Wut oder Resignation haben im Gespräch und bei der Lösungssuche nichts zu suchen. Wir können unsere Gefühle benennen, sie dürfen jedoch nicht das Gespräch bestimmen.
Sachorientierung und Wissen um hilfreiche Gesprächsführungstechniken können gerade für Lehrer einen gangbaren Weg zur Konfliktlösung aufzeigen.

▣ Wie kann ein Konfliktgespräch gelingen?

Wie reden wir miteinander?

Ich möchte hier keine wissenschaftliche Abhandlung zu diesem Thema zum Besten geben. Sie finden z.B. bei Gordon und Watzlawik grundlegende Forschungsergebnisse zur Gesprächsführung. Trotzdem möchte ich kurz auf einige **wichtige Elemente aus der Kommunikationswissenschaft** noch einmal hinweisen:

1. Gesprächsregeln
2. Aktives Zuhören
3. Ich-Botschaften
4. Problemlösung und Konfliktorientierung

Eltern verstehen sich als Anwälte ihrer Kinder. Werden ihre Kinder angegriffen, körperlich oder verbal, stellen sie sich schützend vor sie. Das ist eine natürliche Haltung. Sie sind emotional betroffen, wenn ihre Kinder zu Unrecht kritisiert oder gar beschimpft werden, und reagieren entsprechend mit Abwehrhaltung. Eltern sind selten in der Lage, ihre Gefühle aus dem Konfliktgespräch herauszuhalten. Dazu gehört sehr viel Erfahrung, die Fähigkeit zur Selbstreflexion und Wissen um Gesprächsführung. Das kann man bei Eltern nicht voraussetzen.

Auch **Lehrer** sind natürlich emotional betroffen, wenn Konflikte in der Klasse oder mit einzelnen Schülern auftreten. Bei Lehrern als ausgebildeten Pädagogen setzen Eltern jedoch voraus, dass sie über professionelles Wissen zur Konfliktlösung verfügen. Hier ist der professionelle Lehrer gefragt, dem durchaus Emotionen zugestanden werden, die ihn jedoch nicht im Handeln dominieren dürfen.

In Konfliktsituationen ist es wichtig, dass die Gesprächspartner sich sehr schnell auf gemeinsame **Gesprächsregeln** verständigen, damit jeder seinen Teil zum Gespräch beitragen kann.
In einer größeren Gruppe sollten Regeln vorweg thematisiert und festgelegt werden, wie etwa, dass man sich aussprechen lässt.
Im Einzelgespräch können solche Regeln auch während des Gespräches entwickelt werden, wenn es sich als schwierig herausstellt, miteinander zu reden. Zum Beispiel: *„Ich kann sehr gut verstehen, dass Sie betroffen sind. Ich denke, es wäre für unser Gespräch gut, wenn wir uns gegenseitig ausreden lassen. Dann weiß ich*

genau, was Sie mir sagen möchten, und Sie hören, was ich Ihnen gerne sagen möchte. Vielleicht klärt sich so schon manche Frage."

Wie hören wir einander zu?

Aktives Zuhören des Lehrers ist ein weiterer Punkt, der Eltern das Gefühl vermittelt, dass sie mit ihren Empfindungen, Meinungen, Erfahrungen ernst genommen werden. Ob diese immer so richtig und sinnvoll sind, ist für das aktive Zuhören vollkommen ohne Bedeutung. Aufmerksamkeit und Zuwendung signalisieren eine ernsthafte Auseinandersetzung mit dem Gegenüber. Der aktiv Zuhörende kommentiert nicht, sondern hört konzentriert zu. Wird dies konsequent durchgehalten, so wird in der Regel auch das Gegenüber aufmerksam zuhören, da er/sie es als angenehm empfindet. Das Gespräch verläuft wesentlich ruhiger.

Absolut kontraproduktiv sind die sogenannten **Killerphrasen** *„Geht nicht – stimmt nicht – kann nicht sein – hab ich schon"*. Stellen Sie sich folgende Situation vor: Sie sitzen vor Ihrem PC und mal wieder klappt alles nicht so, wie sie es vorhaben. Ihr Partner kommt dazu und fragt nach Ihrem Problem und ob Sie dieses oder jenes schon gemacht haben. Auf jeden Hinweis reagieren Sie mit einem *„Hab ich schon"*, *„Geht nicht"*, *„Du verstehst nicht, was ich eigentlich will"* … Wie lange dauert es wohl, bis Ihr Partner sagt: *„Dann mach es doch alleine!"* Warum sollten Eltern anders reagieren?

Für eine gelingende Kommunikation ist es zudem wichtig, dass man sich darüber klar ist, welche **Botschaften** man seinem Gegenüber sendet. Ein Beispiel: *„Nun lassen Sie uns doch mal vernünftig miteinander reden!"* oder *„Ich kann Sie sehr gut verstehen. Es ist auch für mich als Vater sehr schwierig, wenn ich höre, dass das Verhalten meines Sohnes nicht gut ist. Trotzdem müssen wir uns mit der Tatsache auseinandersetzen und uns um eine Lösung bemühen."*

Die erste Botschaft ist eine sogenannte **Du-Botschaft**, diese sagt eindeutig: Ich bin vernünftig. Ich weiß, wie man vernünftig miteinander redet. Ich lege fest, was vernünftig ist. Das Gegenüber wird automatisch in die Defensive gerückt und muss sich erklären; muss erläutern, warum er diese Gefühle hat, so gehandelt hat usw. Er wird sich angegriffen fühlen.

Die zweite Botschaft ist eine sogenannte **Ich-Botschaft**. Sie bezieht sich auf die eigene Person: Wie nehme ich etwas wahr? Wie fühle ich? Was denke ich? Diese Botschaft ist keine Be- oder Verurteilung des Gesagten, sondern eine eigene Empfindung. Nach einer solchen Äußerung ist auch die Möglichkeit gegeben, führend in die Kommunikation einzugreifen. Dem Gesprächspartner werden Verständnis und das Recht auf Gefühle vermittelt.

Bevor Sie in ein Gespräch gehen, müssen Sie für sich geklärt haben, welches **Ziel** Sie mit diesem Gespräch verfolgen:

Wollen Sie Ihr Gegenüber darauf aufmerksam machen, dass er etwas falsch gemacht hat – dann sind Sie **problemorientiert**. Der Konflikt ist der Inhalt des Gespräches. Wollen Sie durch dieses Gespräch den Konflikt lösen – dann sind Sie **lösungsorientiert**. Die Suche nach einer Lösung ist Inhalt des Gespräches.

Wenn diese Faktoren im Vorfeld eines Elterngespräches für Sie als Lehrer klar sind, dann haben Sie eine wichtige Vorarbeit geleistet, die Ihnen eine konstruktive Teilnahme und Leitung des Konfliktgespräches ermöglicht. Unter Berücksichtigung dieser Faktoren werden Sie Eltern gewinnen können, mit Ihnen gemeinsam das Problem zu lösen, den Konflikt zu beheben. Gegenseitige Wertschätzung und Ernsthaftigkeit im Miteinander, Verlässlichkeit in der Einhaltung formulierter Regeln und Vorbildcharakter im eigenen Tun sind logische Konsequenzen für beide Seiten.

Erliegen Sie dabei aber nicht dem Irrtum, dass ein Elternabend, den Sie anhand des gerade Beschriebenen vorbereitet haben, schon alle Probleme und Konflikte der kommenden Jahre löst. Auch Erwachsene lernen verschieden schnell, gehen verschieden schnell von ihren Vorstellungen und Vorurteilen ab. Sie werden also über lange Zeit mit Ihren Zielen und in Ihrem Verhalten authentisch sein müssen, um eine dauerhafte Wirkung zu erzielen.

An den folgenden Beispielen möchte ich dies noch einmal verdeutlichen.

Konfliktgespräch im Rahmen eines Elternabends

Nehmen wir noch einmal das Thema **„Sozial- und Arbeitsverhalten"** auf, das bereits im Kapitel „Eltern und Lehrer in Gremien – Klassenpflegschaft" angesprochen wurde. Da die komplexe Wiedergabe einer solchen Diskussion, die einen ganzen Abend dauert, den Rahmen dieses Buches sprengen würde, werde ich die Rahmenbedingungen beispielhaft schildern und Faktoren aufzeigen, die zum Scheitern oder Gelingen eines Elternabends führen.

Sie haben Ihre Eltern zu einem Elternabend mit dem **Thema „Gemeinsam oder einsam – wie kann die Klassengemeinschaft gestärkt werden?"** eingeladen. Die Vorbereitungen waren intensiv und unter Beteiligung der Vorsitzenden der Klassenpflegschaft. Sie haben gemeinsam überlegt, wie die Eltern angesprochen werden sollen und was bzw. wie an diesem Abend miteinander diskutiert werden soll. Auslöser sind fünf Schüler, die die meisten Klassenkameraden tyrannisieren, indem sie sie hänseln, ihnen fortwährend Stifte u.Ä. wegnehmen, sie körperlich schikanieren. Manchmal suchen Opfer Hilfe bei Ihnen als Klassenlehrer. Oftmals lassen sich die Täter jedoch nicht ausfindig machen, da die übrigen Schüler nichts gesehen haben wollen. Eine Reihe von Eltern haben sich bereits bei der Klassenpflegschaft gemeldet und auf das Problem aufmerksam gemacht. Ihr gemeinsames (Lehrer und Elternvertreter) Ziel ist es, über die Eltern die Schüler zu bestärken, dass sie die Täter melden und die Situationen an Sie herantragen. Sie wollen die Zivilcourage fördern und deutlich machen, dass sich eine Mehrheit nicht dem Diktat einer Minderheit unterwerfen muss, die die gemeinsamen Regeln des Zusammenlebens nicht akzeptieren.
Sie sind also hervorragend vorbereitet für diesen Abend. Hier der Ablauf:

Die Eltern betreten den Klassenraum. Auf dem Boden liegen Papierschnipsel und zusammengeknüllte Zettel. Die Tische und Stühle stehen genau so, wie sie auch im Unterricht stehen. Die Eltern nehmen an den Tischen Platz, der Lehrer sitzt am Pult, auf dem sich die Arbeitsmaterialien der letzten Tage stapeln. Pünktlich beginnt der Elternvertreter mit einer kurzen Begrüßung der Eltern.

„Liebe Eltern, ich freue mich, dass Sie heute Zeit gefunden haben für diesen Elternabend. Wie Sie schon der Einladung entnommen haben, wollen wir uns heute darüber unterhalten, wie wir gemeinsam den

Zusammenhalt in unserer Klasse stärken können. Herr Kaiser wird Ihnen aus seiner Sicht schildern, was besonders gut klappt und wo es Probleme gibt. Herr Kaiser, bitte."

„Liebe Eltern, ich begrüße Sie ebenfalls. Ja, es ist schon manchmal ganz schön schwierig mit der Klasse." *Er lehnt sich zurück und verschränkt die Arme.* „Die Eltern der Schüler, die eigentlich hierher gehörten, sind natürlich wieder nicht da. Das ist bedauerlich, denn die Schüler brillieren seit Wochen durch unmögliches Sozialverhalten. Sie können sich nicht vorstellen, was ich hier schon alles erlebt habe!" *Während er einige Beispiele nennt, steht er auf und läuft aufgeregt durch die Klasse. Auf die Frage der Eltern, wo denn nun seiner Meinung nach das Problem liege, antwortet er:* „In dieser Klasse zeigt keiner Zivilcourage." *Er setzt sich wieder ans Pult und verschränkt die Arme. Einige Eltern ergänzen die genannten Beispiele durch Geschichten, die ihnen ihre Kinder erzählt haben. Auf manche Beiträge reagiert der Lehrer mit heftigem Kopfschütteln. Es entwickelt sich ein Gespräch, das immer wieder vom Lehrer unterbrochen wird:* „Das war noch schlimmer." – „Habe ich alles schon versucht!" – „Keiner meiner Kollegen will in dieser Klasse unterrichten." *Ein Vater fragt:* „Herr Kaiser, können Sie uns konkret sagen, was Sie unternommen haben? Gab es Gespräche mit den Eltern und den Schülern? Gab es Strafen?"

„Ich habe schon alles versucht, nichts kommt bei den Schülern an. Diese Klasse ist die schlimmste im ganzen Jahrgang." *Nun diskutieren die Eltern über mögliche Strafen und wie man mit den Eltern der betreffenden Schüler sprechen müsste. Während dieser Diskussion beschäftigt sich Herr Kaiser mit den Materialien auf seinem Pult. Auf Vorschläge seitens der Eltern reagiert er mit Aussagen wie:* „Sie haben ja keine Ahnung." *Andere Eltern werden von ihm mit den Worten unterbrochen:* „Das gehört nicht hierher." *Wieder andere werden gleich unterbrochen. Der Elternvertreter berichtet von Schilderungen, die die Schüler ihren Eltern erzählt haben und die das Verhalten des Lehrers betreffen. Darauf antwortet Herr Kaiser:* „Das stimmt nicht.", *und lässt den Elternvertreter im weiteren Gespräch nicht mehr zu Wort kommen. Der Elternabend endet ohne Ergebnis und die Eltern stehen nach der Veranstaltung noch in kleinen Gruppen auf dem Schulhof und diskutieren.*

Folgende Faktoren haben diesen Abend trotz guter Vorbereitung zum Scheitern verurteilt:

Der Klassenraum:

▸ *Der Klassenraum ist unaufgeräumt.*

▸ *Die Stühle und Tische stehen genau so, wie sie für den täglichen Unterricht stehen.*

▸ *Der Lehrer sitzt am Pult.*

Nonverbale Botschaften:

▸ *Der Lehrer sitzt mit verschränkten Armen am Pult.*

▸ *Der Lehrer beschäftigt sich während des Gespräches mit Materialien, die auf dem Pult liegen.*

▸ *Der Lehrer läuft aufgeregt auf und ab.*

▸ *Der Lehrer reagiert auf Beiträge der Eltern mit Kopfschütteln.*

Killerphrasen:

▸ *„Die Eltern der Schüler, die eigentlich hierher gehörten, sind natürlich wieder nicht da."*

▸ *„Die Schüler brillieren seit Wochen durch unmögliches Sozialverhalten."*

▸ *„Sie können sich nicht vorstellen, was ich hier schon alles erlebt habe."*

▸ *„Ich habe schon alles versucht, nichts kommt bei den Schülern an."*

▸ *„Keiner meiner Kollegen will in dieser Klasse unterrichten."*

▸ *„Diese Klasse ist die schlimmste im ganzen Jahrgang."*

▸ *„In dieser Klasse zeigt keiner Zivilcourage."*

▸ *„Das gehört nicht hierher."*

▸ *„Sie haben ja keine Ahnung."*

Kommunikationsstruktur:

▸ *Das Gespräch wird allein vom Lehrer geführt.*

▸ *Die Elternvertreter haben keinen aktiven Part.*

▸ *Der Lehrer hält einen langen Monolog über seine Befindlichkeiten.*

▸ *Wortmeldungen bestimmter Eltern werden ignoriert.*

▸ *Elternbeiträge werden vom Lehrer unterbrochen.*

▸ *Elternbeiträge werden vom Lehrer kommentiert.*

All diese Misslingensbedingungen ergeben sich aus der Tatsache, dass Lehrer wie Eltern in solchen Situationen **emotional beteiligt** sind. Je nachdem wie hoch der Leidensdruck des Lehrers oder auch der Eltern ist, desto stärker sind die Gefühle, die sich während der Gesprächssituation Bahn brechen wollen.

Aus diesem Grunde ist es besonders wichtig, dass der Lehrer nicht nur allein die Leitung eines solchen Elternabends übernimmt, sondern die **Elternvertreter** zu seinen **Partnern** macht. Wenn es Einigkeit über die Gestaltung und den Ablauf des Abends und die Ziele gibt, sollten mögliche Elternreaktionen besprochen werden. So können bereits im Vorfeld schwierige Situationen erörtert und Lösungswege entwickelt werden. Lehrer und Elternvertreter können immer dann füreinander einspringen, wenn der andere in besonderem Maße emotional gefordert wird. Eltern werden in diesem Fall als außerschulische Experten in das Geschehen miteinbezogen. Sie können aus ihrer Sicht die Situation beleuchten und bei der Einschätzung der möglichen Elternreaktionen mitwirken. Ihre Sicht der Dinge ist wichtig für die Planung und Durchführung eines solchen Elternabends. So können im Vorfeld Fragen im Zusammenhang mit dem Thema erörtert werden, die am Abend selbst auftreten könnten. Die Antworten können so bereits zu Beginn des Abends, etwa in den einleitenden Worten, seitens Elternvertreter und Lehrer gegeben werden. Im Beispiel könnten dies die grundsätzlichen Regeln sein: Umgang mit Konfliktsituationen, Reaktion des Lehrers usw.

Bitte unterliegen Sie auch nicht dem Verdacht, dass Ihre Eltern es nicht könnten, z.B. weil Sie Lehrer an einer Hauptschule mit sogenannten bildungsfernen Familien sind. Wahrscheinlich ist es gerade hier von großem Vorteil, wenn Sie sich auf die Sichtweise von Eltern einlassen. Ein **Perspektivwechsel** ist nicht nur spannend, sondern vor allem wichtig, wenn es um die so grundverschiedenen Lebenswelten wie im Falle von Lehrern und Eltern von Schulen in sozialen Brennpunkten geht. Besonders hier sind niederschwellige Angebote, transparente Regeln, verlässliche Konsequenzen und aktives Zuhören ganz wichtig für die Elternarbeit. Beispiele dafür habe ich bereits in Kap. 1 gebracht, als ich mich mit den Sichtweisen auf Schule und individuellen Schulerfahrungen beschäftigt habe.

Folgende Bedingungen unterstützen einen gut vorbereiteten Elternabend zu einem Konfliktthema:

Der Klassenraum:

▸ *Der Klassenraum ist aufgeräumt.*

▸ *Die Tische stehen an den Wänden und die Stühle im Kreis.*

Nonverbale Botschaften:

▸ *Lehrer und Eltern sitzen im Kreis.*

▸ *Lehrer hört aufmerksam zu.*

▸ *Lehrer lässt sich nicht ablenken.*

▸ *Lehrer verschränkt in keiner Situation die Arme.*

Anti-Killerphrasen:

▸ *„Gut, dass Sie uns Ihre Erfahrungen schildern."*

▸ *„Ich finde es manchmal schwierig, mir das Verhalten einiger Schüler zu erklären."*

▸ *„Vielleicht können Sie mir helfen, indem wir uns darüber austauschen, was Ihnen Ihre Kinder über den Schultag erzählen."*

▸ *„Ich kann das gut verstehen."*

▸ *„Ich möchte gerne mit Ihnen gemeinsam einen Weg finden."*

▸ *„Haben Sie Ideen, wie wir die Situation positiv beeinflussen können?"*

Kommunikationsstruktur:

▸ *Elternvertreter und Lehrer führen gemeinsam durch den Abend.*

▸ *Elternvertreter und Lehrer stellen gemeinsam vor, nach welchen Regeln sie die Diskussion an diesem Abend führen wollen.*

▸ *Der Lehrer schildert kurz und knapp die Konfliktsituation.*

▸ *Elternbeiträge nehmen den meisten Raum ein.*

▸ *Eltern können ihre Beiträge frei vorbringen.*

▸ *Beiträge werden nicht kommentiert.*

▸ *Elternvertreter und Lehrer achten auf eine sachliche Diskussion.*

 **Fazit:**

> *Auch hier gilt, was ich bereits an verschiedenen anderen Stellen ausge-*
> *führt habe: Die Rahmenbedingungen sowie die Authentizität des eigenen*
> *Verhaltens sind Basisindikatoren für eine gelingende Elternarbeit. Die*
> *Bereitschaft, den anderen als Partner für die eigene Arbeit zu sehen,*
> *ist eine weitere grundlegende Bedingung für gelingende Elternarbeit.*

Eltern wollen in die Erziehungs- und Bildungsarbeit integriert und ernsthaft beteiligt werden. Eltern wollen nicht nur dann Partner von Schule werden, wenn ihre Beteiligung bei Klassen- und Schulfesten gefragt ist, am Tag der offenen Tür oder zu anderen besonderen Veranstaltungen. Natürlich organisieren sie gern und viele sind froh, wenn sie durch Kuchen- und Salatspenden am Schulleben teilnehmen können, weil es ihr Alltag in anderer Weise nicht erlaubt. Die Mehrheit wünscht sich jedoch aktive Mitarbeit, z.B. an der Entwicklung von Klassenregeln und deren Umsetzung. Transparenz ist das Zauberwort: Sage mir, was du erwartest und wie du es umsetzen willst, dann kann ich entscheiden, ob ich dich unterstützen werde. Eltern werden durch gute Beispiele und die Erfahrungsberichte anderer Eltern motiviert, selbst aktiv zu werden.

Wenn Sie es schaffen, an einem solchen Elternabend sachlich zu informieren, ihre Regeln, ihre didaktische Umsetzung und die Konsequenzen bei Nichteinhaltung zu verdeutlichen, werden Sie die meisten Eltern bereits auf Ihrer Seite haben.

Die Schule ihrer Kinder ist für viele Eltern eine **Blackbox**: Alles was in ihr passiert, ist Eltern verborgen und oft genug wenig verständlich. Transparenz des eigenen Tuns macht aus der Blackbox einen Glaskasten, der für alle Beteiligten offen einsehbar ist. Kritik und Unterstützung ist gewollt. Niemand kann sich darauf zurückziehen, er habe nichts gewusst. So können auch Konflikte auf neuer Basis angegangen werden.

Lassen Sie es zu, dass Eltern Ihnen Lösungen vorschlagen. Diese Lösungen werden Sie sicherlich nicht in wichtigen Büchern finden und sie werden vielleicht auch wesentlich phantasievoller oder auch viel einfacher sein, als Sie es sich vorstellen können. Doch Eltern sind in der täglichen Auseinandersetzung mit ihren Kindern zu Experten geworden. Ihre Kinder haben ihnen viele phantasievolle Wege abverlangt. Sehen Sie sie als Bereicherung, statt als unumsetzbar an. Diskutieren Sie Alternativen, die Sie aus Ihrer Erfahrung heraus für sinnvoll halten. Aber nehmen Sie die Vorschläge der Eltern ernst. Und nehmen Sie auch ernst, wenn Eltern der Meinung sind, dass Ihr Vorschlag zum Scheitern verurteilt ist. Suchen Sie Kompromisse. Weder Eltern noch Lehrer kennen immer den Königsweg, sonst würden sie sich schließlich nicht über Probleme und deren Lösung unterhalten.

Natürlich gibt es auch Eltern, die sich absolut unangemessen einbringen, z.B. indem sie die Meinung vertreten, das Verhalten ihrer Kinder sei lediglich auf das Alter zurückzuführen und das Problem regle sich mit Geduld von ganz alleine. Oder auch Eltern, die lautstark fordern, dass die Ohrfeige als pädagogische Erziehungsmaßnahme wieder eingeführt werden sollte.
In dieser Situation ist es wichtig, dass Sie Eltern als Partner gewonnen haben, die diese Diskussion auch in Ihrem Sinne führen (siehe Vorbereitung mit den Elternvertretern).

An einem Elternabend gibt es viele Möglichkeiten, gemeinsam zu einem Lösungsweg zu gelangen, den alle miteinander gehen wollen. Gehen die beteiligten Eltern diesen Weg mit Ihnen, so zieht dies Kreise, wenn dieser Weg von – vielleicht auch kleinen – Erfolgen gekrönt ist. Eltern – Lehrer ziehen gemeinsam an einem Strang, sind Partner in Sachen Schule und Schüler. Auch für die Schüler ist dies ein wichtiges Signal. Eltern und Lehrer können nicht mehr gegeneinander ausgespielt werden, denn sie sind sich ja einig in dem, was sie tun.

▦ Konfliktgespräche mit einzelnen Schülern

Natürlich gelten im Bereich des Einzelgespräches dieselben Regeln wie im Konfliktgespräch mit einer Gruppe. Wenn es sich so liest, als würde ich gebetsmühlenartig immer wieder das Gleiche wiederholen, dann haben Sie Recht. Aber genau das ist es, was die gelingende Elternarbeit ausmacht: **Transparenz und Authentizität des eigenen Tuns, aktives Zuhören und Ernsthaftigkeit im Umgang mit den Eltern.**

Die häufigsten Auseinandersetzungen mit Schülern geschehen vor dem Hintergrund mangelnden Arbeits- und/oder Sozialverhaltens. Das gilt für Lehrer und Eltern gleichermaßen. Es gibt aber auch keine anderen Themen, die so wenig konstruktiv diskutiert werden.

Immer wieder höre ich von Eltern, dass sie sich gewünscht hätten, der Lehrer hätte sich schon viel eher mit ihnen in Verbindung gesetzt, und nicht erst am Elternsprechtag, wenn schon seit Wochen das Verhalten in Schieflage ist. Dann wird von ihnen erwartet, dass sie schnellstmöglich Abhilfe schaffen. Warum erst dann? Wünschen sich Lehrer nicht gerade zu diesen Themen Eltern als Partner?

Der Schluss, dass Eltern schon bei der kleinsten Kleinigkeit informiert werden wollen, ist ebenso kontraproduktiv. Es geht um das **Mittelmaß**. Einmal Hausaufgaben vergessen, ist sicherlich kein Alarmzustand. Doch wie ist es beim dritten oder fünften Mal? Eine tätliche Auseinandersetzung, die ohne Verletzungen verläuft und erstmalig passiert, muss kein Elterngespräch nach sich ziehen. Aber wie ist es mit dem zweiten oder dritten Mal? Was, wenn der andere eine Verletzung davonträgt?

Pauschalurteile oder Rezepte nach dem Motto „Beim-dritten-Mal-Elterngespräch" gibt es nicht. Haben Sie als Lehrer Vertrauen und seien Sie selbstbewusst, was Ihre pädagogische Erfahrung anbelangt: Die meiste pädagogische Arbeit in der Schule gehört in Ihren Verantwortungsbereich. Aber Sie müssen diese Arbeit nicht allein tun. Die Unterstützung der Eltern ist wichtig und unentbehrlich. Nutzen Sie sie, ohne die Eltern zu verschrecken, weil sie den Eindruck gewinnen, Sie würden die Verantwortung auf sie abwälzen und sich somit galant aus der Affäre ziehen.

Lassen Sie mich an **zwei Beispielen** deutlich machen, wie genau dieses passiert und wie Sie zu einer konstruktiven Konfliktlösung kommen.

Zum Thema Arbeitsverhalten:

Die Klasse 6 liest im Deutschunterricht eine Lektüre und fertigt dazu ein Lesetagebuch an. Zum Abschluss dieser Unterrichtseinheit wird das Lesetagebuch eingesammelt und bewertet. Martina gibt es beim ersten Mal nicht ab, weil sie es nicht finden kann. In der nächsten Stunde hat sie es zu Hause vergessen. In der dritten Stunde sagt sie, sie habe es verloren. Als Resultat erhält sie eine Sechs als Note. Beim Elternsprechtag erfährt der Vater, dass die Deutschnote trotz eines glatten Zweierdurchschnitts in den Klassenarbeiten „nur" ein ausreichend ist. Verwundert fragt er nach und erfährt von der Deutschlehrerin die oben geschilderte Geschichte. Es entwickelt sich folgender Dialog:

Vater: „Haben Sie in den Deutschstunden nachvollziehen können, ob Martina das Lesetagebuch angefertigt hat?"

Lehrerin: „Nein, das war nicht möglich. Es ist mir aber vor dem Abgabetermin nichts Ungewöhnliches aufgefallen."

Vater: „Wie lange ist das jetzt her mit dem Tagebuch?"

Lehrerin: „Ungefähr vier Wochen."

Vater: „Und was muss Martina jetzt machen? Ich fände es sinnvoll, wenn sie das Lesetagebuch noch mal erstellt."

Lehrerin: „Das hat jetzt keinen Zweck mehr. Die Note steht."

Vater: „Trotzdem finde ich es wichtig, dass Martina lernt, dass sie besser auf ihre Sachen aufpassen muss. Es kann ja nicht gewollt sein, dass sie sich lediglich mit einer schlechten Note aus der Affäre ziehen kann."

Lehrerin: „Da gehen unsere Meinungen eindeutig auseinander. Ich bin der Meinung, dass gerade die Note Martina die Konsequenzen ihres Tuns verdeutlicht."

Vater: „Gut, wenn Sie das so sehen, hätte ich mir gewünscht, dass wir Eltern schon eher darüber informiert worden wären. Dann hätte sie durch Nacharbeiten die Konsequenzen gespürt. Die schlechte Note wäre dann die Konsequenz gewesen, wenn sie auch das nicht getan hätte."

Lehrerin: „Mag sein. Nun ist es so gelaufen und wir können daran nichts mehr ändern. Von meiner Seite war's das auch. Ansonsten ist Martina ja immer ganz gut dabei."

Was bringt dieses Gespräch zum Scheitern?

Kommunikation:

Lehrerin:

▸ *Sie benutzt Killerphrasen wie: „Das war nicht möglich." – „Das hat jetzt*
  keinen Zweck mehr." – „Nun ist es so gelaufen und wir können daran
  nichts mehr ändern."
▸ *Sie geht auf die Äußerungen des Vaters nicht ein.*
▸ *Sie nutzt ausschließlich Du-Botschaften.*
▸ *Sie blockt jede Alternative ab.*

Vater:

▸ *Er fragt höflich nach.*
▸ *Er ist interessiert am schulischen Geschehen.*
▸ *Er bietet einen Lösungsweg an.*
▸ *Er nutzt Ich-Botschaften.*
▸ *Er informiert über das Regelwerk der Familie in solchen Konfliktsituationen.*

In diesem Fall steht die **Lehrerin** *schlecht da: Sie hat eine Aufgabe gestellt, die Aufgabe wird nicht erbracht, aber auch nicht erneut eingefordert, und die Konsequenz daraus ist eine schlechte Note. Kommunikation zwischen Schule und Elternhaus hat nicht stattgefunden und findet auch in diesem Gespräch nicht statt.*

Gar keine Frage, dass eine nicht erbrachte Leistung zu einer entsprechenden Note führen muss. Es bleibt jedoch die Frage, warum es **keine Zwischenschritte** *gibt.*

Wir haben hier ein gängiges Beispiel, wie eine solche Situation mit „ganz normalen" **Eltern** *besprochen wird, mit Eltern, die durchaus Willens und willig sind, mit Ihnen zusammenzuarbeiten. Dieser Vater fragt nicht zu unrecht, warum er nicht schon eher darüber informiert wurde. Sein Vorschlag, dass die Tochter die nicht erbrachte Leistung nachholen sollte, ist eine pädagogisch durchaus sinnvolle Maßnahme. Sie ist es jedoch nicht, wenn die letzte Konsequenz – die Note Sechs – bereits Realität ist. Hier wäre es sehr sinnvoll gewesen, gemeinsam – Lehrer und Eltern – am selben Strang zu ziehen und der Schülerin zu demonstrieren, dass sich keine der für sie verantwortlichen Personen austricksen lässt.*

Die Schülerin hätte wesentlich spürbarer die Konsequenzen ihres Handelns erlebt. Der Vater könnte seine Aufgabe als Erzieher seiner Tochter wahrnehmen. Die Lehrerin hätte den Vater als Partner für ihre tägliche Arbeit gewonnen.

Schon so kleine Beispiele haben eine große Wirkung. Dieser Vater wird genau diese Konfliktsituation vor Augen haben, wenn es um Diskussionen ähnlicher Art geht. **Der Effekt:**

- „Die" informiert die Eltern nicht.
- „Die" kennt nur schlechte Noten als pädagogische Maßnahme.
- „Die" nimmt mich nicht ernst.

Besonders schwierig wird es, wenn die gewählten Elternvertreter von den betroffenen Eltern angerufen und über die „Art" der Gespräche informiert werden. Meist hat sich eine Menge **Frust und Wut** aufgestaut, die dann entladen wird. Die Elternvertreter sind nun in der misslichen Lage, zu vermitteln. Wohl demjenigen, der dazu in der Lage ist!

Realistisch sind zwei Reaktionsvarianten:

1. *„Da sind Sie nicht die Einzige! Was ich da schon alles gehört habe! Ich glaube, da müssen wir doch mal zur Schulleitung und uns beschweren."*
2. *„Ach, ich glaube, da hat Frau Meier einen schlechten Tag gehabt. Ich denke, das können wir auf sich beruhen lassen. Vielleicht müssen Sie Ihre Tochter ja besser kontrollieren. Wenn ich bei meinem Max nicht täglich die Hausaufgaben kontrolliere, läuft gar nichts!"*

Entweder wird mit Kanonen auf Spatzen geschossen oder alles unter den Teppich gekehrt, um einem Konflikt aus dem Weg zu gehen. Meist bekommt der oben beschriebene Effekt nun seine **Eigendynamik**: Wenn sich ein solches Gespräch mit anderen Lehrern und auch Eltern ebenso abspielt, dann steht „die" nicht mehr nur für „die Lehrerin", sondern ganz schnell auch für „die Schule".

Ich bin immer wieder erstaunt, wie schnell solche Botschaften ihre Runde machen und wie mühsam es ist, die vielen guten Dinge einer Schule in ihre Schulgemeinde zu transportieren und dort zu verankern.

Der Informationsaustausch zwischen Lehrern und Eltern kann durch verschiedene Maßnahmen verbessert werden:

▸ *Ein Elterngespräch muss zeitnah geschehen! Eltern müssen schnellst-möglich darüber informiert werden, wenn ihr Kind Schwierigkeiten hat oder macht! Eltern müssen dies auch nicht zwangsläufig merken, auch nicht, wenn sie täglich die Aufgaben ihrer Kinder kontrollieren. Vielleicht machen dies folgende Fragestellungen noch deutlicher: Woher sollen Eltern z.B. wissen, dass die im Aufgabenheft notierten Aufgaben tatsächlich vollständig sind? Woher sollen Eltern wissen, dass ein Hefter in Religion geführt wird und diese Mappenführung Hausaufgabe ist und benotet wird? Woher sollen Eltern wissen, dass das, was ihre Kinder ihnen erzählen, der Wahrheit entspricht? Oder sind unsere Kinder potentielle Lügner?*

▸ *Eltern brauchen Informationen, die nicht durch die Brille der Kinder gefärbt sind. Sie brauchen die Information, was im Unterricht passiert und welche Anforderungen bezüglich des Arbeitsverhaltens an ihre Kinder gestellt werden:*
Teilen Sie den Eltern am Anfang eines Schuljahres mit, wie Sie Haus-aufgaben aufgeben, wie Sie auf Projekte oder Klausuren hinarbeiten, wie die Mappen- oder Heftführung aussehen soll und welche Maß-nahmen Sie ergreifen, wenn dies nicht funktioniert.
Teilen Sie auch mit, wie Sie die Schüler auf die Bewältigung dieser Aufgaben hinführen, wie Sie Heft- und Mappenführung üben, wie Sie Hausaufgaben oder Projektarbeit kontrollieren.
Teilen Sie den Eltern mit, wann und wie Sie mit ihnen Kontakt aufnehmen.
Teilen Sie den Eltern auch mit, was Sie von ihnen erwarten.
Dies gilt für alle Fachlehrer. Der Klassenlehrer kann dies im Rahmen der ersten Klassenpflegschaft als Information schriftlich oder mündlich weitergeben oder Sie besuchen die Klassen an diesem Abend, die Sie neu unterrichten.

▸ *Achten Sie darauf, wie Sie diese Informationen kommunizieren. Hier gelten dieselben Regeln, wie sie bereits an verschiedenen Stellen dieses Buches vorgestellt wurden.*

Wenn Sie diese Bedingungen umsetzen, werden Sie ein Gespräch, wie ich es im Beispiel vorgestellt habe, nicht mehr führen müssen. Sie werden Gespräche zeitnah führen und können sich mit größeren Zeitkontingenten den „wirklichen" Problemfällen in ihrer Klasse widmen. **Sie sparen also Zeit und Energie**, wenn Sie die „willigen" Eltern von Beginn an mit ins Boot nehmen und sie befähigen, mit Ihnen gemeinsam an der Bildung und Erziehung ihrer Kinder und Ihrer Schüler zu arbeiten. Diese Eltern werden gerne zu Elternabenden kommen und Aufgaben übernehmen, denn sie fühlen sich ernst genommen in ihrem Bemühen um eine gute Erziehung und Bildung ihrer Kinder – und zwar jeder so, wie er es leisten kann.

Zum Thema Sozialverhalten:
Die Elternarbeit im Bereich Sozialverhalten der Schüler scheint in der Praxis besonders ambivalent empfunden zu werden: Die einen sehen hier überhaupt kein Problem, für andere türmen sich die Probleme. Die Gründe dafür sind vielfältig.

In keinem anderen Bereich der Elternberatung habe ich so viel mit Missverständnissen, Aneinander-Vorbeireden und Vorurteilen zu tun wie bei Konflikten von Schülern auf sozialer Ebene.
In den **unteren Jahrgängen** stehen Hänseleien an erster Stelle: Sticheleien im Unterricht; das Auslachen, wenn jemand etwas sagt oder im Sport etwas nicht schafft. Diese Angriffe münden auf dem Pausenhof oftmals in Raufereien.
Besonders gravierend in den Jahrgängen der **Unter- und Mittelstufe** ist Mobbing. Mobbing findet hinter den Kulissen statt und ist für Außenstehende schwer zu erkennen. Es ist eine Form des Psychoterrors, der sich nicht durch blaue Flecke zeigt, sondern z.B. durch abfallende Zensuren. Da aber gerade diese kausalen Zusammenhänge so schwierig zu erkennen sind, ist auch der Beratungsbedarf so hoch – sowohl auf Eltern- als auch auf Lehrer- und Schulseite.

Ein großer Beratungsbedarf ist im Bereich sehr aktiver Kinder zu sehen. Die Diagnose **ADS/ADHS** wird schnell gestellt und die Kinder landen in einer Schublade, aus der sie schwer wieder herauskönnen. Rat- und Hilflosigkeit der Eltern werden oftmals durch das Verschreiben von Rethalin gelöst, das die Kinder ruhigstellen soll. Eine Praxis, die in Fachkreisen immer umstrittener ist, aber in der „Not" eine Hilfe sein kann.

Alle diese Themen beeinflussen sowohl einfach als auch mehrfach die Arbeit in den Klassen. Kaum eine Klasse hat nur einen **„sozialen Problemfall"**. Es ist auch völlig irrelevant, von welcher Schulform wir sprechen. Diese Probleme gibt es in allen Klassen an allen Schulen. *„Die gehen über Tische und Bänke"*, ist eine Aussage, die Sie in allen Lehrerkollegien hören.

Ich möchte Ihnen als Lehrer an dem folgenden **Gesprächsausschnitt** beispielhaft vorstellen, wie Sie diese emotional sehr belastenden Situationen in einer Klasse sicherlich nicht lösen können, und Ihnen aufzeigen, dass die bewusste Lösungsorientierung im Gespräch wesentlich effizientere Ergebnisse hat.

Grundschule, 3. Klasse: Daniel fällt auf, weil er im Unterricht nicht still sitzen bleibt, sondern ständig aufsteht und zum Fenster geht, umherläuft oder auch die Klasse verlässt. Die Lehrerin, Frau Münster, hat die Eltern zum Gespräch gebeten.
Das Gespräch findet im Klassenzimmer statt. Die Lehrerin steht hinter dem Pult, die Eltern sitzen entspannt auf zwei Stühlen davor. Frau Münster stützt sich auf die Stuhllehne, wippt auf den Füßen.
„Ja, Frau Winter, Herr Winter. Ich muss Ihnen sagen, so geht das mit Daniel nicht weiter! Es gibt keine Unterrichtsstunde, in der er nicht durch die Klasse rennt. Das stört! Und ich kann sagen, was ich will, er hört einfach nicht! Er setzt sich einfach nicht wieder hin! Da muss ich oft schon ganz massiv werden. Macht er das zu Hause eigentlich auch?"
Sie stellt sich nun hinter den Stuhl und verschränkt die Arme.
„Das verstehe ich nicht, Frau Münster. Zu Hause sitzt er an seinem Schreibtisch und macht völlig problemlos seine Aufgaben. Er hat noch nie Konzentrationsprobleme gehabt. Ich kann mir das nicht erklären."
„Das kann ich mir bei Daniel überhaupt nicht vorstellen! Sind Sie denn die ganze Zeit dabei, wenn er seine Hausaufgaben macht?"
„Das ist es ja, wir müssen überhaupt nicht dabei sein, weil er innerhalb kürzester Zeit seine Aufgaben erledigt hat. Wenn er ständig durch die Gegend rennen würde, dann wäre das wohl kaum möglich."
Frau Münster beginnt hinter dem Pult auf und ab zu laufen. Herr Winter lehnt sich lässig zurück, Frau Winter sitzt auf der vordersten Stuhlkante und spielt mit den Händen.

„Sie wollen mir also sagen, dass Daniel zu Hause ganz anders ist als in der Schule! Das kann ich mir nicht vorstellen! Kann er denn zu Hause überhaupt längere Zeit an einem Ort sitzen bleiben? Er ist doch nicht nur in der Schule so nervös und hampelig! Sitzt er den ganzen Tag vor dem Fernseher? Oder am Computer?"

„Scheinbar doch, denn wir haben keine Probleme mit ihm. Haben wir noch nie gehabt. Weder im Kindergarten noch in den letzten beiden Schuljahren. Da muss es einen Grund geben, dass er sich so verhält. Haben Sie ihn denn mal gefragt?"

Der Vater grinst und schaut auf seine Hände. Die Mutter beobachtet die Lehrerin sehr genau. Frau Münster hält sich wieder an der Stuhllehne fest und wippt.

„Er hört ja nicht! Er setzt sich ja nicht hin, wenn ich ihm das sage! Das stört den ganzen Unterricht! Nie kann man eine Unterrichtseinheit zu Ende bringen, ohne dass Daniel rumgelaufen ist! Er kann sich einfach nicht konzentrieren! Das ist ganz offensichtlich."

„Na, da sind wir aber ganz anderer Meinung. Sind Sie eigentlich im Unterricht auch so nervös wie jetzt? Vielleicht steckt das ja an und Daniel kann sich nicht konzentrieren, weil Sie so nervös sind. Bei uns zu Hause geht es ruhig und geregelt zu. Da gibt es keine Hektik."

Die Lehrerin läuft rot an und verschränkt die Arme.

„Sie wollen mir doch wohl nicht sagen, dass ich daran schuld bin! So weit kommt das noch! Sie erzählen mir hier die tollsten Geschichten über Daniel, und dass er angeblich die Ruhe selbst ist. Und dann so was!"

Das Gespräch eskaliert noch eine Weile.
Eltern und Lehrerin gehen im Zorn auseinander.

 Was genau trug zur Eskalation des Gesprächs bei?

Klassenraum:

▸ *Lehrerin hinter dem Pult.*
▸ *Eltern vor dem Pult.*

Nonverbale Botschaften:

Lehrerin:

▶ *steht vor den Eltern.*

▶ *ist nicht auf gleicher Augenhöhe.*

▶ *verschränkt die Arme.*

▶ *läuft auf und ab.*

▶ *wippt.*

Eltern:

▶ *sitzen zuerst entspannt auf den Stühlen vor dem Pult.*

▶ *Vater lehnt sich mit einem Grinsen zurück.*

▶ *Mutter sitzt angespannt auf der vorderen Stuhlkante.*

▶ *Mutter beobachtet die Lehrerin.*

Killerphrasen:

▶ *„So geht das mit Daniel nicht weiter."*

▶ *„Das kann ich mir nicht vorstellen."*

▶ *„Das ist ganz offensichtlich."*

▶ *„So weit kommt das noch."*

▶ *„Und dann so was."*

Kommunikationsstruktur:

▶ *Lehrerin spricht über den Schüler und über die Eltern, nicht mit ihnen.*

▶ *Eltern und Lehrerin greifen sich an.*

▶ *Eltern und Lehrerin sind emotional betroffen.*

▶ *Beide stellen Aussagen in den Raum.*

▶ *Beide orientieren sich am Konflikt.*

Die Lehrerin ist durch die Konflikte emotional sehr betroffen. Dies zeigt sich durch ihre Nervosität: Sie steht, wippt, läuft auf und ab. Die **emotionale Betroffenheit** *wird durch die Aussagen der Eltern verstärkt, die kein Verständnis für ihr Problem haben, da sie ein solches Verhalten nach eigener Aussage nicht kennen.*

Aus der emotionalen Betroffenheit der Lehrerin heraus entstehen Aussagen, die die Eltern angreifen und als unglaubwürdig hinstellen. Das Resultat ist ein Streitgespräch, das ohne Lösung beendet wird. Der Konflikt wird also verschärft, indem er von der Ebene Schüler – Lehrer auf die Ebene Eltern – Lehrer gehoben wird.

Eine mögliche konstruktive, gemeinsame Suche nach einer Ursache für Daniels Verhalten und eine Lösung des Problems wird verhindert, da beide Parteien nicht auf sachlicher, lösungsorientierter Ebene kommunizieren. Im Ergebnis arbeiten Lehrer und Eltern gegeneinander und Daniel erhält keine Möglichkeit, sein in der Tat offensichtliches Problem zu lösen.

*Nach einem solchen Gespräch wird es massiv zum **„Die-Effekt"** kommen. Die emotionale Auseinandersetzung hat zu einem Angriff-Abwehr-Verhalten geführt, das jedwede positive Kommunikationsmöglichkeit im Keim erstickt hat. Jeder Versuch, das Gespräch auf einer anderen Ebene erneut zu führen, wird sehr schwierig werden, da der Gesprächspartner mit dem Urteil zu kämpfen hat, der andere halte ihn für unglaubwürdig.*
Eltern, die so in die schulische Arbeit einbezogen werden, sind kaum als Partner zu gewinnen. Sie erleben Schule so, wie sie sie vielleicht bereits aus ihrer Kindheit kennen, und sehen alle Vorurteile und (Selbst-)Bilder bestätigt.

Ein **positives Beispiel** habe ich in einem 8. Jahrgang erlebt. Der Mathematiklehrer dieser Klasse hatte mehrere Schüler wie den gerade beschriebenen Daniel, die den Unterricht störten. Er stellte gemeinsam mit der Klasse ein Regelwerk auf und daraus resultierende Konsequenzen. Alle Schüler achten gemeinsam auf die Einhaltung der Regeln und darauf, dass Verstöße entsprechend geahndet werden. Zusätzlich hat der Mathematiklehrer mit den Eltern der Schüler Gespräche geführt, die sich in besonderem Maße schwertun, diese Regeln einzuhalten. An den Gesprächen waren auch die Schüler beteiligt. Eines möchte ich beispielhaft als geglückte Kommunikation zu einem schwierigen Thema vorstellen:

Herr Hundt hat Paul und seine Eltern zu einem Gespräch ins Beratungszimmer der Schule eingeladen. Das Zimmer hat einen runden Tisch mit vier Stühlen, an dem die Beteiligten nach der Begrüßung Platz nehmen.
Herr Hundt: *„Ich freue mich, dass Sie den Termin heute wahrnehmen können. Sicherlich hat Paul Ihnen schon erzählt, dass die Klasse mit mir gemeinsam für den Mathematikunterricht Regeln aufgestellt hat, die für alle verbindlich sind. Es geht darum, wie wir miteinander reden, wie wir Gruppenarbeit machen, wie die Hausaufgaben zu er-*

ledigen sind, dass die Schüler sich nicht gegenseitig bei der Arbeit stören usw. Ich habe Sie und Paul zu diesem Gespräch eingeladen, um Ihnen die Regeln im Einzelnen vorzustellen und zu klären, wo zurzeit noch Pauls Probleme liegen und wie wir sie lösen können."

Vater: „Paul hat natürlich noch nichts davon erzählt. Er erzählt so gut wie gar nichts aus der Schule. Das ist auch unser größtes Problem. Wo genau liegen denn Ihrer Meinung nach die Probleme?"

Herr Hundt: „Ich denke, das weiß Paul am besten."

Paul: „Na ja, manche meinen halt, ich würde sie mit meinem Gerede stören. Was ich aber gar nicht verstehe, denn das machen die andern doch auch."

Herr Hundt: „Unterhältst du dich denn über Mathematik oder andere Sachen?"

Paul: „Eher über Fußball und so."

Herr Hundt: „Genau das war ein Punkt, warum die Klasse zu der Regel kam, dass alle Schüler sich nur noch über Mathematik im Unterricht unterhalten und über sonst nichts. Es hat die meisten schon gestört, wenn du dich mit deinem Kumpel Florian über Fußball unterhalten hast, während der Übungsphasen zum Beispiel."

Paul: „Das machen andere aus der Klasse aber auch, nicht nur ich!"

Herr Hundt: „Das weiß ich. Das Gleiche gilt natürlich auch für Maria usw., die sich gerne ausführlich über Schuhe und Frisuren unterhalten."

Paul: „Mich hat das nicht gestört."

Herr Hundt: „Ich glaube, das ist das Problem. Das ist deine Wahrnehmung. Deine Mitschüler haben dir – und auch Maria – in den letzten Wochen sehr oft gesagt, dass sie euer Verhalten nicht gut finden und dass es sie stört. Stimmt's?"

Paul: „Ja, schon …"

Herr Hundt: „Woran liegt es denn, dass du dich in Mathematik lieber über was anderes unterhältst?"

Paul: „Ich finde es oft langweilig. Das meiste hab ich schnell kapiert und die andern üben und üben. Das ist einfach öde."

Herr Hundt: „Das habe ich mir schon gedacht. Ich mache dir folgenden Vorschlag: Wir einigen uns darauf, dass du bei den Übungsaufgaben immer auch die Zusatzaufgaben machst, die ja für die bestimmt sind, die es schon können. Dann stelle ich dich als Assistenten ein, der den etwas Langsamen die Aufgaben noch mal erklärt. Ich denke, dann wären die Stunden auch für dich nicht mehr so langweilig, oder?"

Paul: „Kann schon sein."

Herr Hundt: „Ich denke, du solltest es zumindest versuchen. Wenn es immer noch öde ist, dann müssen wir uns noch mal unterhalten und eine neue Lösung finden."

Paul: „Na gut. Versuchen kann man's ja mal."

Herr Hundt: „Wie du weißt, haben ja alle die Regeln unterschrieben und damit den Vertrag geschlossen, dass sie sich daran halten werden. Du auch. Ich fände es gut, wenn deine Eltern heute auch diese Regeln lesen. Ich schreibe unser Abkommen von gerade noch dazu und dann unterzeichnen wir alle diesen Vertrag. Herr und Frau Sundermann, wären Sie auch damit einverstanden? Wir haben Sie gerade in unserem Gespräch ganz vergessen."

Vater: „Also ich glaube auch für meine Frau sagen zu können, dass ich das für eine gute Lösung halte. Ich würde mir aber auch wünschen, wenn Sie uns darüber informieren, ob Paul sich an die Abmachungen hält."

Herr Hundt: „Kein Problem. Ich werde den Klassenarbeiten einen Zettel beilegen, auf dem ich Ihnen kurz mitteile, wie es funktioniert. Und wenn es ganz arg werden sollte, was ich nicht glaube, dann kann ich Sie ja auch anrufen."

Mutter: „Das wäre prima. Und Paul wird das auch guttun. Da bin ich mir sicher."

Paul: „Na ja, ich werde mein Bestes tun."

Warum verläuft dieses Gespräch so positiv?

Klassenraum:

▸ *Ein runder Tisch schafft keine Barrieren.*

Nonverbale Botschaften:

Lehrer:

▸ *sitzt neben den Eltern.*

▸ *ist auf gleicher Augenhöhe.*

Eltern:

▸ *sitzen neben dem Lehrer.*

▸ *bauen keine Barrieren auf.*

Anti-Killerphrasen:

▸ *„Ich freue mich."*

▸ *„… klären, wo die Probleme liegen und wie wir sie lösen können."*

▸ *„Woran liegt es denn …?"*

▸ *„… wären Sie auch damit einverstanden?"*

▸ *„Kein Problem!"*

Kommunikationsstruktur:

▸ *Eltern werden vom Lehrer begrüßt.*

▸ *Lehrer informiert die Eltern über den Anlass des Gesprächs.*

▸ *Lehrer informiert die Eltern über das Ziel des Gesprächs.*

▸ *Der Schüler wird aktiv ins Gespräch einbezogen.*

▸ *Es wird niemand beschuldigt.*

▸ *Lehrer nimmt die Bitte der Eltern positiv auf.*

▸ *Lehrer macht Lösungsvorschläge.*

▸ *Lehrer fragt nach.*

▸ *Lehrer bittet Eltern um Unterstützung.*

*In diesem Gespräch geht der **Mathematiklehrer** sehr zielorientiert vor. Trotzdem gelingt es ihm durch Nachfrage, Wahrnehmung von Ich-Botschaften und lösungsorientierte Argumentation nicht den Eindruck zu erwecken, er wolle etwas über den Kopf der Eltern und des Schülers hinweg veranlassen. Der Lehrer signalisiert, dass er zum einen sehr genau weiß, was in der Klasse vor sich geht und aus welchem Grund es zu einem Regelwerk gekommen ist. Andererseits ist er zu jeder Zeit offen für die Aussagen und Empfindungen seiner Gesprächspartner. Er ist auch offen für Pauls Kritik an seinem Unterricht. Es ist für ihn kein Problem, Alternativen anzubieten.*

*Die Tatsache, dass die **Eltern** mehr passiv am Gespräch teilnehmen, wird nicht negativ empfunden, da das Gespräch mit dem **Sohn** sehr konstruktiv verläuft. Es werden keine Vorwürfe gemacht, sondern Tatsachen und Eindrücke sachlich ausgetauscht. Diese Form des Gesprächs führt für Paul zu einer Lösung des Problems.*

 **Fazit:**

Emotionale Betroffenheit, jede Form von Gefühlen sind erlaubt. Diese Gefühle jedoch in Form von Anschuldigungen und Forderungen verpackt in ein Konfliktgespräch mit Eltern und Schülern einfließen zu lassen, ist kontraproduktiv. Sachlichkeit vermittelt Professionalität und Professionalität bietet wenig Angriffsfläche.

Halten Sie sich als Lehrer immer das geschilderte Beispiel vor Augen, wenn der Schulleiter Sie in sein Büro ruft und Sie auf die Probleme mit Ihrem Schüler anspricht. Wie reagieren Sie auf Ihren Schulleiter, wenn er Sie anbrüllt? Wie reagieren Sie auf ihn, wenn er sich besorgt nach dem Problem erkundigt? Wann machen Sie „dicht" und wann sind Sie „offen"?

Gestehen Sie Ihrem Gesprächspartner ebenso Gefühle zu, aber machen Sie im Konflikt auch darauf aufmerksam, dass eine daraus resultierende Handlung, wie etwa ein verbaler Angriff, nicht akzeptabel und nicht fruchtbar ist.

In keiner anderen schulischen Situation wie in der Frage des Sozialverhaltens ist das **Wissen um den Einfluss des eigenen Vorbilds** wichtiger! Mit welchem Beispiel gehen Sie selbst voran? Stehen Ihr Verhalten und Ihre Anforderungen an andere im Einklang?

Hier einige Beispiele aus der Praxis, die sich bestimmt auch in Ihrem Kollegium wiederfinden:

▷ Der Kollege, der ständig seine Unterlagen und seinen Schlüssel sucht, aber fürchterlich über seine Schüler schimpft, die ständig ihre Bücher vergessen.

▷ Die Kollegin, die ihre eigenen Tafelbilder nicht mehr durchschaut, aber über die unstrukturierte Mappenführung ihrer Schüler klagt.

▷ Der Kollege, der bei jeder Kleinigkeit aus der Haut fährt und brüllt, sich aber darüber beschwert, dass seine Schüler nur „rumblaffen".

▷ Die Kollegin, die sich immer erfolgreich um alle zusätzlichen Aufgaben drückt, aber bei ihren Schülern Engagement erwartet.

▷ Die zwei Kollegen, die in jeder Konferenz nebeneinander sitzen, weil sie sich dann besser über ihr gemeinsames Hobby austauschen können, sich aber ständig über die Schüler ärgern, die sich während ihres Unterrichts „fachfremd" unterhalten.

▷ Der Kollege, der immer die Achseln zuckt, wenn Sie ihm ihre Probleme schildern, und ihnen dann antwortet, die Notenskala reiche bis zur Sechs und sie seien selbst schuld, wenn sie sich keinen Respekt verschafften.

Die Liste ließe sich beliebig erweitern.

Einen ganz **krassen Fall** erzählte mir eine Mutter, deren Sohn die 7. Klasse eines Gymnasiums besuchte. Sie ging zum ersten Elternabend mit einem neuen Klassenlehrer. Als sie den Raum betrat, fiel ihr Blick zuerst auf eine Pinnwand an der Stirnseite der Klasse. Auf dieser Pinnwand hingen Pin-up-Poster, geleerte, aber ungesäuberte Fischdosen, eine offene Coladose mit Schimmelansatz, ein verschimmeltes Pausenbrot in einer Plastiktüte, jede Menge Blondinenwitze, Zoten und Sprüche wie „Paul macht's sich selbst".

Entsetzt fragte sie den Lehrer, wie es denn zu dieser Pinnwand kommen konnte und ob es sich dabei um ein Projekt handle, von dem sie nichts wusste. Nach Aussage des Lehrers war die Pinnwand der Ort, an dem die Klasse das machen durfte, was sie wollte. Der Ort, auf den er als Lehrer keinen Einfluss nahm. Auf die Frage, ob er es denn gegenüber den Mädchen in der Klasse verantworten konnte, dass es sich fast ausschließlich um frauenfeindliche Beiträge handelt, bekam sie ein Schulterzucken. Auf die Frage, wie denn seine Kollegen darauf reagierten, wenn sie sich während ihres Unterrichts Pin-up-Poster und schimmelnde Butterbrote ansehen mussten, kam die Antwort, dass sich noch niemand beschwert hätte. Die Pinnwand wurde erst dann entfernt, als sich diese Mutter gemeinsam mit den Vertretern der Klassenpflegschaft bei der Schulleitung beschwerte.

Was meinen Sie, lernen Schüler und Eltern aus solchem Verhalten? Wie lief Ihrer Meinung nach die Elternarbeit in dieser Klasse? Wie wurden wohl Konflikte gelöst?

In vielen Schulen laufen **Programme zum sozialen Lernen** als feste Bestandteile des Unterrichts in den Klassen 5 und 6. Sie gehören ins Schulprogramm. Grundsatz ist die Erarbeitung gemeinsamer Regeln und Verhaltensweisen, die die Gemeinschaft unterstützen und zu einem geregelten und guten Miteinander führen.

Die Erfahrungen sind gut und die Programme werden von den durchführenden Lehrern als konstruktiv und der Gemeinschaft förderlich beurteilt. In der Regel geht damit einher, dass der Unterrichtsalltag von den Lehrern als weniger belastend empfunden wird. Es gibt weniger Störungen, weniger Kleingruppen, die die ganze Klasse „aufmischen". Es werden Selbstregulierungsmechanismen in den Klassen beobachtet, die dazu führen, dass die Mehrheit die Minderheit in ihre Schranken weist.

Auch für die Elternarbeit haben diese Programme positive Effekte. Die Eltern werden von Anfang an in die Arbeit einbezogen und informiert. Sie kennen die Regeln der Klasse und die restriktiven Maßnahmen bei Regelverstößen. Sie sind viel stärker bereit, sich aktiv am Schulleben zu beteiligen.
Eltern stellen in diesen Projekten ebenso ihre Regeln für die Zusammenarbeit mit dem Klassen- und Fachlehrer, mit den anderen Eltern sowie für die Zusammenarbeit und das Miteinander in den Elterngremien auf. So formulieren Eltern in diesen Projekten mehrheitlich, dass sie gerade auch die gemeinsam erarbeiteten Restriktionen unterstützen: Wer sich nicht an die Regeln hält, muss auch die Konsequenzen tragen. Auf diese Weise erfolgt ein **breiter Schulterschluss Eltern – Lehrer – Schüler**.

Regeln selbst zu erarbeiten, heißt auch, dass man sich mit ihnen vorher auseinandergesetzt hat. Dass man weiß, was es heißt, wenn es diese Regeln nicht gibt. Egal welche Werte für mich im Vordergrund stehen, so gibt es doch feste Regeln, an die ich mich in dieser Gruppe zu halten habe.

Ein Beispiel:
Wenn für mich die Ehrlichkeit ein höherer Wert ist als Höflichkeit, dann könnte dies z.B. bedeuten, dass ich den Lehrer, den ich nicht ausstehen kann, auch nicht grüßen muss. Oder dass ich dem Lehrer ganz ehrlich sage, dass seine Grammatikerklärung unverständlicher Mist ist, auch wenn ich dies höflicher formulieren könnte.

Sagt aber die Regel, dass alle sich freundlich grüßen, wenn sie sich sehen, und dass Kritik möglich und erwünscht ist, aber freundlich und wertschätzend geäußert werden muss, ist es irrelevant, ob ich lieber ehrlich statt höflich bin.

Auch dies sind Beispiele, die verdeutlichen, wie wichtig es ist, eine **gemeinsame Sprache** zu sprechen und sich nach gemeinsamen Regeln zu verhalten.

Neben den Grundsätzen der lösungsorientierten Kommunikation sind im Bereich des Arbeits- und Sozialverhaltens daher vor allem **gemeinsame Regeln und der Vorbildcharakter des Lehrers** von fundamentaler Bedeutung für ein gelingendes Miteinander. Gehe ich als Lehrer wertschätzend und freundlich mit den Schülern und Eltern um, so kann ich erwarten, dass Schüler und Eltern ebenfalls freundlich und wertschätzend mit mir umgehen. Habe ich immer meine Unterrichtsmaterialien zur Hand und ist das Pult aufgeräumt, so zeige ich meinen Schülern, wie ich mir als Lehrer den ordentlichen Umgang mit Arbeitsmaterialien vorstelle. Denn: Die Ablage von Unterrichtsblättern und Teamarbeit sind nicht „angeboren", sondern erlernbar. Jeder Mensch muss lernen, wie er z.B. Arbeitsblätter alphabetisch ablegen oder wie er gerade Striche ziehen kann. Jeder Mensch muss lernen, wie er in einer Gruppe lernen und wie er sich in einer Gruppe wohlfühlen kann. Alle Menschen brauchen Regeln und Vorbilder, an denen sie sich orientieren können. Und dies gilt durchaus nicht nur im Kleinkindalter. Auch Erwachsene lernen immer noch dazu. Wir lernen am Beispiel und durch Üben. Wir üben, d.h. wir wiederholen, d.h. wir lernen an einem weiteren Beispiel.

Es ist eine spannende und interessante Lektüre, wenn man sich in die neueren Erkenntnisse der Gehirnforschung einliest und die Zusammenhänge erfährt, die das Lernen beeinflussen oder auch unmöglich machen. Sollten Sie einmal die Gelegenheit haben, Prof. Manfred Spitzer von der Universität Ulm hören und erleben zu können, so nehmen Sie diese Gelegenheit unbedingt wahr. Seine Sicht auf Lernen, Schule, Schüler und Lehrer ist lesens- und hörenswert.

2.6 Eltern als außerschulische Experten

Es ist kaum vorstellbar, wie viel Wissen und Können seitens der Eltern in Bezug auf ihre Möglichkeiten, sich in und für die Schule zu engagieren, brach liegt. Eltern haben Berufe und Hobbys, die wertvolle Fähigkeiten, Erfahrungen und Kontakte mit sich bringen, die Schulen kaum nutzen. Oftmals werden sie nur dann eingefordert, wenn ein ehrgeiziges Projekt ohne die Hilfe der Eltern nicht umgesetzt werden kann. Und siehe da: Es gibt zahlreiche Eltern, die dies auch tun. Die Lokalpresse ist voll von guten Beispielen. Ein Projekt jagt das andere und jede Schule möchte gerne für das eigene Image noch „einen draufsetzen". Doch genau das meine ich nicht! Eltern sind nicht nur dann nützlich, wenn es um die Verwirklichung von ehrgeizigen Projekten geht. Im ganz normalen Schulalltag können Eltern sich viel konstruktiver als in „Leuchtturmprojekten" einbringen. Aber auch hier ist oberste Devise, dass diese Eltern ernst genommen werden müssen und nicht Ersatz für den Einsatz von Lehrkräften sein dürfen.

Zwei Beispiele:

▸ Eine Mutter ist **Ökotrophologin**. Während eines Elternsprechtages schildert die Hauswirtschaftslehrerin ihr die chaotischen Zustände während ihrer Unterrichtseinheiten in der Schulküche. Spontan bietet diese Mutter ihre Mitarbeit an. Sie könne ja einen Teil der Klasse anleiten und unterstützen, damit es nicht ganz so chaotisch ist. Es ehrt diese Mutter, dass sie die Lehrerin entlasten möchte. Doch es ist Aufgabe eines Lehrers, in dieser Klasse Unterricht durchzuführen. Gibt es dabei organisatorische oder disziplinarische Probleme, ist es Aufgabe der Schule, die Lehrerin zu befähigen, dass sie ihren Unterricht durchführen kann. Vielleicht kann diese Mutter auf dem Hintergrund ihrer Praxiserfahrung Tipps an die Schule geben, wie man Chaos in einer Küche vermeiden kann, z.B. indem man gezielt Aufgaben für Kleingruppen verteilt.

▸ Drei Väter, die selbst in der **Computerbranche** tätig sind, bieten an, die Administration des Computerraumes zu unterstützen. Als sie ihrer Aufgabe nachkommen wollen, kommen sie mehrfach nicht in den Computerraum, weil der Informatiklehrer den Hausmeister nicht informiert oder selbst den Termin vergessen hat. Kommt der Informatiklehrer selbst, lässt er die Väter allein im Computerraum und geht ins Lehrerzimmer, um einen Kaffee zu trinken. Die Väter haben die Administration wieder in die Hände der Schule gelegt.

Die Ökotrophologin wäre eine gute Unterstützung in der Fachkonferenz. Sie könnte dort ihre praktischen Erfahrungen und Ideen einbringen. Auf diese Weise könnte sie z.B. Projekte unterstützen oder Unterrichtseinheiten begleiten. Ihr berufliches Wissen und ihre Erfahrungen sind eine konstruktive Ergänzung in diesem Gremium.

Berufstätige Väter, die ihre Dienste ehrenamtlich der Schule zur Verfügung stellen, haben ein Anrecht darauf, dass man sie und ihr Engagement ernst nimmt. In der Regel haben Berufstätige nur sehr wenig Zeit für außerberufliche Aktivitäten. Wenn sie sich diese Zeit nehmen, muss gewährleistet sein, dass sie diese auch effektiv für die Schule nutzen können.

Aus diesen beiden Beispielen ergeben sich **zwei grundlegende Voraussetzungen für das Elternengagement:**

1. Wissen und Fähigkeiten müssen zielorientiert eingesetzt werden.
2. Engagement muss ernsthaft begleitet werden.

Die **Einsatzmöglichkeiten für Eltern** sind ganz der Phantasie einer Schule überlassen. Sie reichen von der Sekretärin, die einen 10-Finger-Tasten-Kurs anbietet, bis zum Hobbygärtner, der den Schulgarten betreut.

Wichtig ist dabei:

1. Angebote seitens der Eltern müssen würdigend zur Kenntnis genommen und beantwortet werden.
2. Die Umsetzung der Angebote muss zeitnah geschehen, also z.B. nicht erst im nächsten Schuljahr, und in Absprache mit der Mutter/dem Vater, also z.B. nach vorheriger gemeinsamer Terminabsprache.

3. Angebote von Eltern müssen nicht für ein ganzes Schuljahr und länger verbindlich sein. Es muss auch die Möglichkeit des kurzfristigen Engagements gegeben sein.

Aus der Vielfalt der Möglichkeiten habe ich **vier Bereiche** ausgewählt, die nicht unbedingt sofort in den Mittelpunkt des schulischen Interesses geraten, wenn von Elternengagement gesprochen wird. Aber gerade in diesen ausgewählten Bereichen können Eltern als außerschulische Experten meiner Ansicht nach besonders gut in den Schulalltag integriert werden. Diese Integration zielt auf eine grundsätzliche Beteiligung am schulischen Ablauf sowie auf immer wieder erneuerbare, ausweitbare Bereiche ab. Das heißt, dass die in diesen Bereichen integrierten Eltern = außerschulischen Experten über längere Zeit eingebunden werden, dies jedoch kein mehrjähriges Engagement seitens der Eltern zwingend mit sich bringt. Hier können im Laufe der Jahre auch andere Eltern hinzukommen oder ausgeschiedene Eltern „ersetzen".

Diese Bereiche sind:
▸ Übergang Grundschule – weiterführende Schule
▸ Übergang Schule – Beruf
▸ Projekte im Schulalltag
▸ Feste und Feiern im Schulalltag

▨ Übergang Grundschule – weiterführende Schule

Das **Schulgesetz in NRW** schreibt vor, dass die Grundschulen die Eltern der 4. Klassen über die weiterführenden Schulen informieren. Diese Informationen sollen u.a. die Anforderungen dieser Schulformen an die Schüler beinhalten. Sie können in kleinen Gemeinden und Städten noch unter Beteiligung der Schulleiter der örtlichen Schulen stattfinden. In größeren Städten ist dies nicht mehr möglich. Hier übernehmen diese Aufgabe die Schulleiter der Grundschulen oder auch Referenten der VHS. Im Idealfall haben letztere ihre Informationen in den Schulen selbst eingeholt. Oftmals ist es leider so, dass diese Informationen lediglich aus dem eigenen Erfahrungsbereich kommen.

Im Rahmen eines **Projektes der Bertelsmann Stiftung** war ich Mitglied einer Arbeitsgruppe zu diesem Thema. So stellte sich in der Diskussion heraus, dass Eltern immer wieder von den Grundschullehrern darauf hingewiesen werden, dass sogenannte stille Kinder auch bei sehr guten Noten auf einem Gymnasium keine Chance haben. Die anwesenden Gymnasialleitungen waren erstaunt über diese Aussage und wiesen darauf hin, dass es absolut kein Kriterium sei, ob ein Schüler still oder mündlich sehr aktiv sei.

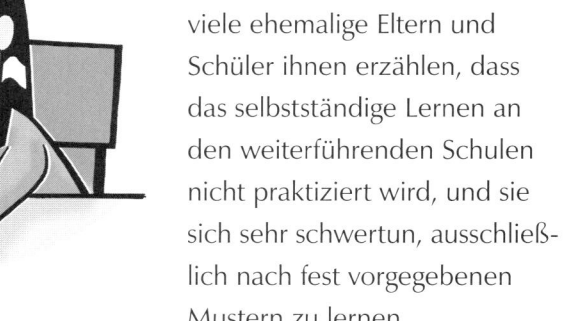

Dies sei absolut überaltert. Die anwesenden Grundschullehrer berichteten, dass viele ehemalige Eltern und Schüler ihnen erzählen, dass das selbstständige Lernen an den weiterführenden Schulen nicht praktiziert wird, und sie sich sehr schwertun, ausschließlich nach fest vorgegebenen Mustern zu lernen.

Im Resultat regte die Arbeitsgruppe an, dass Grundschullehrer und Lehrer der weiterführenden Schulen regelmäßig Praktika an der jeweils anderen Schulform machen sollten, um aktuell über die Arbeit an diesen Schulen informiert zu sein und Eltern so wesentlich realistischer beraten zu können.

Wie können Eltern hier als außerschulische Experten fungieren?

Es bietet sich an, nicht nur in einer Veranstaltung für alle Eltern über weiterführende Schulen zu informieren. Oftmals haben Eltern Hemmungen, im großen Rahmen ihre Fragen zu stellen, weil sie nicht „dumm" wirken wollen. Zudem ergeben sich viele Fragen erst dann, wenn man ins Gespräch kommt.

In den einzelnen 4. Klassen könnten Elternabende zu diesem Thema stattfinden, an denen Eltern als außerschulische Experten zu Rate gezogen werden.

Dies können sein:

▸ **Eltern, die Lehrer an weiterführenden Schulen sind.**

  Diese Eltern können aus ihrer Sicht als Lehrer informieren, wie der Unterricht gestaltet ist, welche Aufgaben von den Schülern bewältigt werden müssen oder welche Voraussetzungen in der Selbstorganisation der Schüler notwendig sind. Sie könnten auch Aussagen machen, welche Kriterien für die Benotung relevant sind.

▸ **Eltern, die in Klassenpflegschaften an weiterführenden Schulen aktiv sind.**

Eltern, die selbst aktiv am Schulleben in den Gremien teilnehmen, können viele grundsätzliche Fragen zum Tagesablauf, zur Eingewöhnung, zu Betreuungsfragen etc. beantworten. Sie können vor allem auch über die Rolle der Eltern in der Schule informieren und wie die Schule den Kontakt zu den Eltern hält, z.B. wenn Probleme auftreten.

▸ **Eltern, die Kinder an weiterführenden Schulen haben.**

Eltern, die weder Lehrer noch Elternvertreter sind, können aus ihrem Alltag berichten, nämlich wie sie als Eltern ihre Kinder erleben: Gehen die Kinder mit Freude zur Schule? Fällt den Kindern die Umstellung von einer kleinen Grundschule in das große System Gymnasium schwer? Brauchen die Kinder viel Hilfestellung bei den Hausaufgaben? Müssen die Eltern viel mit den Kindern üben? Usw.

Viele Gespräche mit Eltern im Privatbereich zeigen, wie wichtig gerade die **Informationen von Eltern für Eltern** sind. Wie Eltern eine Schule, eine Lehrperson, einen Schulleiter erleben, prägt die Entscheidung anderer Eltern für oder gegen eine Schule mit. Oftmals sind es Unsicherheiten, z.B. nach dem ersten Eindruck an einem Tag der offenen Tür, die durch Nachfrage bei anderen Eltern ausgeräumt werden können.

Es ist daher sehr sinnvoll, diese Informationen zu relativieren und während eines **Elternabends** zu besprechen. Fragen und Antworten werden dann von den Eltern umfassender zur Kenntnis genommen. Aussagen können ggf. in ein anderes Licht gesetzt werden, weil andere Eltern von ganz anderen Erfahrungen berichten. Während diese Informationen in einer großen Veranstaltung für einen ganzen Jahrgang nicht beantwortet werden können und sie im Privatbereich hinlänglich objektiv weitergegeben werden, ermöglicht ein Elternabend auf Klassenebene eine erweiterte Information.

Die gewonnenen Eltern, die aus ihrer Erfahrung berichten, können dies in aufeinander folgenden Jahren tun. Man kann aber auch Eltern einladen, deren Kinder aus der eigenen Grundschule auf eine bestimmte weiterführende Schule gewechselt haben. Eine Mischung aus beidem ist sicherlich sinnvoll, da sowohl die Erfahrungen der ersten Monate als auch die Erfahrungen aus mehreren Jahren an der weiterführenden Schule für Eltern relevant sind. Der Blickwinkel aus höheren

Jahrgängen kann auch Anfangsschwierigkeiten in einem anderen Licht erscheinen lassen und Möglichkeiten aufzeigen, wie diese überwunden werden können.

Auch hier steht die **Kommunikation von Eltern und Lehrern auf Augenhöhe** im Mittelpunkt. Eltern sind durchaus kompetent, anderen Eltern ihre Erfahrungen mitzuteilen und zu einem realistischen Bild der neuen Situation beizutragen. Eltern diese Kompetenzen einzuräumen, heißt, sie als gleichberechtigte Partner in dieser wichtigen Frage aktiv zu beteiligen.

Wie ich zu Beginn dieses Abschnittes bereits berichtet habe, sind Lehrer nicht unbedingt aktuell informierte Experten auf diesem Gebiet. Da sich Eltern im privaten Bereich durchaus zum Thema Übergang in die weiterführende Schule unterhalten, ist es also logische Konsequenz, dass man diese Informationsquelle in der Schule etabliert.

■ Übergang Schule – Beruf

Nach dem Übergang in die weiterführende Schule ist der nächste wichtige Einschnitt für Schüler der Übergang in den Beruf. In der angespannten Arbeitsmarktlage erhält die **Berufsvorbereitung** einen besonderen Stellenwert. Genau in diese Schnittstelle können Eltern als Experten aus der beruflichen Praxis in verschiedenster Form integriert werden.

Die Berufswahlorientierung ist Unterrichtsfach an Haupt- und Gesamtschulen. Es wäre wichtig, dies auch an Realschulen stärker zu etablieren. Es hat sich gezeigt, dass ein dreiwöchiges Schülerpraktikum allein nicht automatisch realistische Berufswünsche und -vorstellungen mit sich bringt. Ein KFZ-Mechatroniker verbringt seine Arbeitstage nicht ausschließlich damit, Motoren zu zerlegen. Der Beruf der Krankenschwester bringt auch mit sich, dass Bettpfannen geleert werden müssen und Patienten sterben.

Es ist wichtig, den Schülern eine realistische Vorstellung von Berufen zu geben. Und wer könnte dies besser als Menschen, die diesen Beruf tagtäglich ausüben.

Die Lehrer können in einem Elternbrief Väter und Mütter bitten, sich zur Vorstellung ihres Berufes zu melden. Zusammen mit dem Kollegen, der in der Berufsvorbereitung tätig ist, und diesen Eltern kann dann ein **Konzept** entwickelt werden, wie man Berufe vorstellt.

Hier eine bereits in der **Praxis** bewährte Form:
▶ Die Berufe werden in Berufsgruppen wie Handwerk, Dienstleistung, medizinischer Bereich usw. aufgeteilt.
▶ Die Eltern der verschiedenen Berufsgruppen werden eingeladen, um sich gegenseitig kennenzulernen und miteinander abzusprechen, was ihnen besonders wichtig ist, wenn sie ihren Beruf und ihren Alltag vorstellen.
▶ Eltern und Lehrer entwickeln gemeinsam ein Konzept, wie die Vorstellung der Berufe/Tätigkeiten stattfindet.
▶ Es werden Infoabende zu den verschiedenen Berufsgruppen angeboten. Die Infoabende finden an verschiedenen Tagen statt, damit Schüler (evtl. mit ihren Eltern) die Gelegenheit haben, sich über unterschiedliche Berufe und Berufsgruppen zu informieren.
   Solche Infoabende können auch in der Oberstufe angeboten werden. Hier können verschiedene akademische Berufszweige vorgestellt werden.

Existenzgründung ist ein immer wichtiger werdender Faktor auf dem Arbeitsmarkt. Es ist daher auch sehr interessant, wenn Eltern, die sich selbstständig gemacht haben, zur Mitarbeit motiviert werden können. Sie können nicht nur den Beruf aus dieser Sicht vorstellen, sondern ggf. auch über Voraussetzungen informieren, die Auszubildende in ihrer Firma oder ihrem Betrieb mitbringen müssen.

Eltern sind ein ungenutztes Potential in Schulen. In vielen Schulen gibt es Eltern, die im Personalbereich und in der Ausbildung tätig sind. Sie können ein umfassendes Bild der Voraussetzungen geben, die Auszubildende mitbringen sollen, und was Schüler in der Ausbildung erwartet.

Eltern werden sich jedoch mit ihrem Wissen und Können nicht automatisch in der Schule als Experten anbieten, wenn sie nicht darüber informiert sind, dass sie sich einbringen können. Selten werden den Eltern Lehrpläne von den Lehrern detailliert vorgestellt. Noch seltener werden **Eltern als Experten für Unterrichts-anteile** in Erwägung gezogen. Und wenn dies doch einmal geschieht, so werden nach ersten organisatorischen Schwierigkeiten in der Regel keine weiteren Versuche unternommen. Hier gerät in Vergessenheit, dass Lehrer und Unterrichtsinhalte bleibend, Eltern jedoch im ständigen Wechsel an Schule präsent sind. Finde ich also heute keinen Bankkaufmann für den Bereich Börse im Wirtschaftsunterricht, kann er im nächsten Jahr durchaus zur Elternschaft gehören oder er meldet sich dann, weil seine Arbeitsbelastung nicht so hoch ist wie im Vorjahr.

Wenn Sie berufstätige Eltern in Ihre Arbeit, in den Unterricht integrieren möchten, dann muss berücksichtigt werden, dass diese Eltern häufig einen festen Arbeitstag haben, und andere Arbeitszeiten (z.B. Schichtdienste) als Lehrer in der Schule. Das heißt, sie können vielleicht nur Abendtermine für Vorgespräche, Planungen etc. anbieten. Und sogar das ist schwierig, da im Handel heute Arbeitszeiten bis 20 Uhr Normalität sind. Dieses Problem können Sie umgehen, wenn Sie z.B. **Termine frühzeitig bekannt geben**, damit Eltern evtl. Dienste tauschen, um teilnehmen zu können.

▪ Projekte im Schulalltag

Eltern an **Schulprojekten** zu beteiligen, ist sicherlich nicht neu. Trotzdem möchte ich einige grundlegende Überlegungen anstellen, denn auch hier werden oftmals Bedingungen geschaffen, die Eltern eher abschrecken als motivieren. Dies sind keine gewollten Barrieren seitens der beteiligten Lehrer, sondern resultiert oft daraus, dass die Realitäten von Eltern nicht genügend Berücksichtigung finden. Der Alltag eines Lehrers ist nun einmal nicht kompatibel zum Alltag der Mehrheit der Eltern.

Auch hier gilt es zu berücksichtigen, dass berufstätige Mütter und Väter bei Projekten durchaus eingesetzt werden können, jedoch einen wesentlich längeren **Planungsvorlauf** benötigen, um ihr Engagement zeitlich und in der Familie planen zu können. Es gilt auch zu hinterfragen, ob ein Projekt unbedingt am Vormittag durchgeführt werden muss oder ob es alternativ am Nachmittag, an einem ganzen Tag oder an einem Samstag stattfinden kann. Viele Schüler und Lehrer finden es sehr befriedigend und effektiver, wenn sie, unbeeinflusst von den zeitlichen Beschränkungen des „normalen" Schultages, etwas „produzieren" können.

Ein Beispiel:
Der **Kunstkurs der Oberstufe** plant mit seinem Fachlehrer ein Projekt, in dem Metall zu Skulpturen verarbeitet werden soll. Für das Projekt konnte ein Künstler gewonnen werden. Diese Zusammenarbeit vermittelten Eltern der Schule. Da das Projekt auch eine Einführung in die Metallverarbeitung benötigt, Entwürfe angefertigt und diese auch umgesetzt werden müssen, findet dieses Projekt an einem Samstag statt. Die Schüler können so ohne Unterbrechung praktische Übungen sowie die Entstehung eines Objektes von der Planung bis zur Fertigung erleben. Ein Produktionsprozess von der Phantasiephase bis zur praktischen Umsetzung ist im Rahmen des normalen Schulalltages kaum umsetzbar. In diesem Projekt haben Eltern die Zusammenarbeit mit dem Künstler sowie Kontakte zu Firmen für die Beschaffung der Arbeitsmaterialien vermittelt.

Ein weiterer Aspekt ist, **welche Rolle Eltern im Projekt spielen sollen**: Sind sie aktiv beteiligt oder werden sie ausschließlich als zusätzliche Aufsichtsperson benötigt? Soll Frau Meier die Nachhut bilden, damit beim Wandertag des Biologiekurses niemand im Wald verloren geht? Oder ist die Tatsache, dass Frau Meier ausgebildete Pharmazeutisch-Technische-Assistentin ist, eine willkommene Bereicherung, da sie u.a. sehr gute Kenntnisse über Heilkräuter hat, die auch in unseren Wäldern zu finden sind? Sollen Eltern im Theaterprojekt beim

Kostüm- und Kulissenwechsel helfen oder kann Frau Müller ihre Kenntnisse als Hobbyschneiderin und Herr Braun als Hobbymaler aktiv miteinbringen?

Viele **Eltern haben offensichtliche und verborgene Talente**, die es zu erkunden gilt, um das Schulleben zu bereichern. Diese kann man jedoch nur dann erfahren, wenn man in einem stetigen Austausch mit ihnen steht. Diese Möglichkeit ergibt sich z.B., wenn regelmäßige Stammtische oder Elternabende angeboten werden. Auch schriftliche Mitteilungen, die ein Projekt ankündigen, und der damit verbundene Aufruf, gerne Eltern aktiv zu beteiligen, sind hilfreich.

Wenn Sie als Lehrer Eltern beteiligen wollen, dann bitten Sie nicht um HILFE! Hilfe bedeutet für Eltern, dass Sie **„Handlangerdienste"** verrichten sollen, die den Lehrer entlasten. Eltern zu beteiligen, bedeutet, dass Eltern aktiv mitgestalten, etwa als Handwerker oder Hobbykünstler. Genau an diesem Punkt scheitert in vielen Fällen eine kooperative Zusammenarbeit. Die Kooperation wird von Eltern nicht als solche empfunden, wenn sie nicht als Partner des Lehrers, sondern als dessen Dienstleister eingesetzt werden.

Wenn Sie Eltern als Experten in das Schulleben integrieren wollen, dann müssen Sie auch die **familiäre Situation** berücksichtigen, die den Eltern ein Engagement ermöglicht oder ggf. auch nicht.

Hier zwei Beispiele:

▷ Sind **beide Elternteile berufstätig**, so müssen sie ihre Zeit für Familie und schulische Veranstaltungen gut einteilen. Wenn sie sich also engagieren sollen, so muss der damit verbundene Aufwand (etwa Dienste verschieben, Urlaub einreichen, Überstunden abfeiern) im gesunden Verhältnis zu den von ihnen verlangten Aufgaben stehen. Wenn ein Vater vor

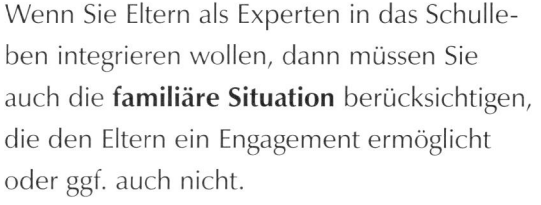

der Entscheidung steht, diese Zeit zur Renovierung der Wohnung oder als Aufpasser im Werkunterricht zu verbringen, ist es aus seiner Sicht verständlich, wenn er sich für die Renovierung entscheidet. Entsprechend seiner Qualifikation fühlt er sich fehl am Platz.

▸ Sind Eltern **arbeitslos**, heißt dies nicht, dass sie jederzeit zu Ihrer Verfügung stehen können und für jede Aufgabe dankbar sein müssen, die man ihnen zuträgt. Was würde Sie mehr motivieren: Kulissen schieben oder Kulissen bauen und gestalten? Gerade diese Eltern benötigen besonderen Respekt und Herausforderungen, die Sie nicht beschämen, sondern sie als Partner respektieren und anerkennen.

Lehrer sollten versuchen, Eltern **als Partner** zu gewinnen. Wurden Eltern im Vorfeld über Überlegungen zu einem möglichen Projekt informiert, dann könnten gerade auch Eltern gute Vorschläge zur Umsetzung, Organisation oder auch Material- und Mittelbeschaffung haben. Vielleicht wird dann im Werkunterricht nicht wie alle Jahre wieder im Jahrgang 5 ein Stiftständer aus Holz erstellt, sondern etwas völlig Neues. Vielleicht kann man auch endlich ein Kunstprojekt in Angriff nehmen, weil eine Mutter eine Idee zur Umsetzung hat oder Quellen weiß, wo die benötigten Materialien kostengünstig bezogen werden können. Manchmal können über Eltern auch Sponsoren gefunden werden, die bereit sind, ein Projekt nicht nur ideell, sondern auch finanziell zu unterstützen.

Es gibt viele Möglichkeiten, Eltern bei Projekten zu engagieren. Wichtig ist dabei, dass man den Eltern Zeit gibt, sich an den Ideen und der Umsetzung zu beteiligen, und dass sie als Partner agieren können. Die Voraussetzungen, unter denen Eltern beteiligt werden können – wie etwa die durch Berufstätigkeit vorgegebenen Zeitrahmen – sollte man sehr ernst nehmen und in sämtliche Überlegungen und Vorbereitungen miteinbeziehen.

Und auch hier ist ein hohes Maß an Transparenz wichtig. Teilen Sie als Lehrer mit, was Sie sich wie und wann vorstellen. Lassen Sie zu, dass Eltern eigene Ideen einbringen. **Eltern wollen Lehrer nicht bevormunden, sondern partnerschaftlich ergänzen.**

■ Feste und Feiern im Schulalltag

Mütter am Kuchenbüfett und Väter am Grill, multikulturelle Salatbars und Rezeptsammlungen sind nichts Neues. Und das ist auch gut so. Denn genau diese Aufgaben sind wichtig für Eltern, die sich aus den verschiedensten Gründen nicht in zeitlich stärkerem Maße einbringen können. Eine Mutter, die alleinerziehend ist und nach einem langen Arbeitstag mit gleicher Energie ihren Haushalt meistern und für ihre Kinder da sein muss, ist froh, wenn sie beim Klassenfest ihren Beitrag in Form eines selbstgebackenen Kuchens leisten kann. Diese **Eltern verweigern sich nicht, sondern brauchen Aufgaben**, die sie bewältigen können. Für sie ist es wichtig, einen Kuchen zu backen oder einen Salat spenden zu können. Sie verdienen den gleichen Respekt wie die Eltern, die im Vorfeld mit den Kindern die Dekoration für das Fest gebastelt haben.

Klassen- und Schulfeste sind eine hervorragende Chance, **Eltern mit Migrationshintergrund** einzubeziehen. Zu diesen Anlässen können unterschiedliche Traditionen und kulturelle Besonderheiten ihren Raum finden.

Hier einige Beispiele aus der Praxis:

▸ Wie sieht z.B. der Herbst in Kasachstan aus im Vergleich zu dieser Jahreszeit in der Türkei oder Kenia?

▸ Wie schreibt man das Wort „Herbst" in China, in Russland oder im Libanon?

▸ Welche Legenden oder Sagen gibt es in den verschiedenen Ländern?

Daraus lassen sich Collagen, Bilderwände, Poster, Bilderrahmen und Märchenbücher erstellen. Jede Familie, jede Kultur kann ihren ganz persönlichen Beitrag leisten.

Wichtig dabei ist, dass die **Verschiedenheit nicht als Problem, sondern als Bereicherung** gesehen wird! Die Vorstellung unterschiedlicher Traditionen soll nicht vergleichen und beurteilen, sondern Wissen erweitern und neugierig machen auf das Andere. Wenn Sie dieses Ziel authentisch und ernsthaft verfolgen, Verständnis nicht mit Barmherzigkeit verwechseln, bereichert ein solches Fest jeden Einzelnen, der daran teilnimmt.

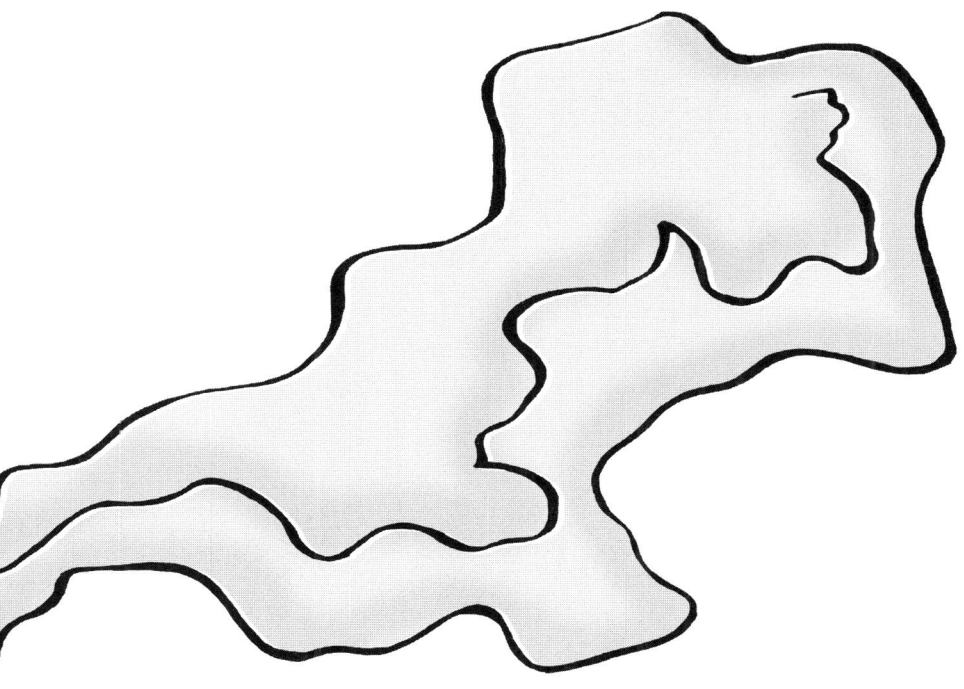

2.7 Lehrer als Partner und Experten

Hand aufs Herz: Welche Rolle spielen für Sie als Lehrer Eltern in Bezug auf Schule, Ihren Unterricht, Ihre Schüler?

Nachweislich sind die Situationen, in denen Eltern und Lehrer aufeinandertreffen in Deutschland darauf reduziert, dass sie sich über die Leistungen ihrer Schüler und Kinder oder deren Erziehungsprobleme unterhalten, sprich: Elternsprechtage. Es mangelt nicht an der Einsicht und Bereitschaft von Lehrern, Elternarbeit zu intensivieren. **Vielmehr sehen sich die meisten Lehrer nicht als Ansprechpartner für Eltern in Erziehungsfragen.** Eltern sind von den Lehrern gefragt als Nachhilfelehrer ihrer Kinder und als Aufsicht für die Hausaufgaben. Tauchen dann jedoch Probleme auf, fühlt sich der Lehrer nicht zuständig.

In den USA und auch Holland existieren **Kooperationsprogramme**, die die Zusammenarbeit von Eltern und Lehrern fördern. Nebeneffekt ist eine funktionierende Elternmitarbeit auch bildungsferner Elternhäuser in der Schule. In den skandinavischen Ländern ist es Alltag, dass Eltern wöchentlich schriftlich über die Entwicklung ihrer Kinder informiert werden. Entwicklung heißt in diesem Falle nicht Noten, sondern umfasst alle Fähigkeiten vom Sozialverhalten bis zur Mathematikaufgabe. Gleichfalls sind die Eltern verpflichtet, von diesen Rückmeldungen Kenntnis zu nehmen.

In diesen genannten Ländern ist es selbstverständlich, dass Schulen über Sozialarbeiter verfügen. Meist sind diesem auch Psychologen und Therapeuten zur Seite gestellt. Ein Umstand, der in Deutschland nicht denkbar ist angesichts leerer Kassen. Und mal ehrlich, wenn es denn so wäre, dann würden unsere Hauptschulen damit bedacht, weil ja die Schüler an anderen Schulformen keine Probleme haben. Glauben Sie das?

In Deutschland ist der Lehrer längst mehr als nur Wissensvermittler. Auch wenn viele dies gerne noch anders sehen. Schule ist Lebensraum und erfordert auch erzieherische Maßnahmen, Regelwerke, Unterstützungsmechanismen, Hilfestellungen, Ansprechpartner für Schüler, Lehrer und Eltern.

Die Forderung aufzustellen, dass alle Lehrer auch Therapeuten und diagnostische Genies sein müssen, ist vermessen und unsinnig. Doch Lehrer sollten wissen, wer diese Aufgabe übernehmen kann, und vermitteln, wenn es Probleme gibt, die sie selbst erkennen oder die Eltern an sie herantragen.

Leider wissen die meisten Lehrer nicht, wen Eltern um Hilfe fragen können. Dies habe ich erschreckend massiv auf einer Tagung zum Thema **„Schule und Jugendhilfe"** erlebt. Das intensiv diskutierte Thema in den Kaffeepausen war, dass man (der Lehrer) gar nichts von diesen Systemen wisse und mutmaßte, dass Eltern sowieso diese Institutionen nicht aufsuchen würden. Man kenne ja das Spiel. Auf Seiten der Jugendhilfevertreter klang das ähnlich: Die (Lehrer) wissen gar nicht, dass es uns gibt. Die wollen das auch gar nicht wissen und dümpeln lieber vor sich hin. Und wenn sie dann die Eltern und Jugendlichen schicken, ist das Kind schon in den Brunnen gefallen. Da haben wir schon Sachen erlebt …!

Ist das wirklich so? Ist es wirklich so, dass Eltern, die um Hilfe fragen, ein Hilfsangebot ablehnen? Ist es nicht viel wahrscheinlicher, dass diese Eltern wieder auf Sie zukommen, weil unglaublich lange Wartezeiten, z.B. in Beratungsstellen, meist Wochen bis zum ersten Gesprächstermin verstreichen lassen? Oder dass sogar große Städte wie Dortmund eigenständige schulpsychologische Beratungsstellen schließen? Ist es die Schuld der Lehrer, dass sie nicht über die Unterstützungssysteme der Jugendhilfe informiert sind? Oder gibt es da inzwischen so viele Träger, dass man den Überblick verliert?

Gerade unter diesen Aspekten ist es wichtig, dass Sie als Lehrer professionell reagieren können. **Lassen Sie die Eltern nicht allein mit ihren Problemen!** Informieren Sie sich bei ihrer Stadt, den Kirchen und den paritätischen Wohlfahrtsverbänden vor Ort, welche Einrichtungen es gibt und wen Sie ansprechen können. Auch der Blick in andere Schulen kann dabei durchaus hilfreich sein. Viele Schulen haben gute Beispiele für gelingende Elternarbeit, gelingende Unterstützungssysteme und Kooperationen mit verschiedensten Institutionen.

Zudem haben Sie die Möglichkeit, verschiedene Erziehungsthemen u.Ä. mit den Eltern zu diskutieren. Installieren Sie **Stammtische** zu bestimmten Themenstellungen, die aktuell oder ganz allgemein im Alter Ihrer Schüler für Eltern interessant sind. Eltern sind wissbegierig und sehr daran interessiert, Informationen zu den verschiedensten Themen zu bekommen. Es ist wohl kaum anders zu erklären, dass Sendungen wie die „Super-Nanny" und Eltern-Zeitschriften einen so großen Erfolg haben – und dies durch alle sozialen Schichten.

Natürlich kostet dies alles Ihre Zeit. Solche Abende wollen vorbereitet sein. Informationen müssen recherchiert und eingeholt, vielleicht auch Mitarbeiter einer Beratungsstelle eingeladen werden. Und natürlich hat Ihre Ausbildung leider vieles vermissen lassen. Auch könnten sich Ihre Kollegen natürlich auch mal dazu äußern, ob sie vielleicht schon Recherchen angestellt haben. Aber ist dies ein Grund, den Kopf in den Sand zu stecken, Probleme nicht anzugehen? Seien Sie selbstbewusst! Sie sind gut ausgebildet und können sich artikulieren. Sie wissen, wie man Dinge recherchiert, sich Informationen erarbeitet und vor allem, wie man diese an den Mann und an die Frau bringt.

Nutzen Sie die Chance, auf diesem Wege mit Eltern ins Gespräch zu kommen. Eine Kommunikation, die nicht nur auf Problemen und Leistungsfragen aufgebaut ist, verlässt die vorurteilsbeladene Atmosphäre des **Standard-Eltern-Lehrer-Gesprächs**. Wer sich kümmert und den anderen ernst nimmt, dem muss man kein Misstrauen entgegenbringen. Wenn Themen für alle „zum Thema" werden, dann muss niemand mehr unsicher sein. Es zeigt sich an solchen Themenabenden schnell, dass alle Eltern in verschiedener Ausprägung Erfahrungen haben, die sie gerne miteinander teilen, um sich gegenseitig Hilfestellung zu geben. Die Motivation zur Mitgestaltung des schulischen Alltags ist um ein Vielfaches höher. Wenn durch solche Abende ein vertrauensvolles Verhältnis zwischen Eltern und Lehrern aufgebaut werden kann, ist Kooperation von Elternhaus und Schule keine Utopie mehr.

Besonders wichtig ist eine solche Zusammenarbeit für Eltern von Kindern, die Teilleistungsschwächen, **Lernschwächen**, Verhaltensauffälligkeiten o.ä. Probleme haben. Diese Eltern bekommen eine Chance, wenn sie erfahren, dass nicht nur sie betroffen sind. Kooperation ist nicht nur reduziert auf Eltern, deren Kinder keine Schwierigkeiten machen. Lernschwächen sind Thema für alle Eltern, wenn auch in verschiedener Ausprägung.

Nutzen Sie die Chance, zum Partner Ihrer Eltern zu werden! Sie werden feststellen, dass Eltern viele Fähigkeiten einbringen können, die Ihnen die Arbeit erleichtern. Wenn Eltern und Lehrer als Partner in Sachen Bildung und auch Erziehung zusammenarbeiten, so muss kein Vater, keine Mutter und auch **kein Lehrer als Einzelkämpfer** die Aufgaben, die ihm tagtäglich von den Kindern gestellt werden, lösen. Das Arbeiten im Team erfordert Offenheit, Disziplin und Kompromisse (und sei es nur bei der Terminfindung für ein Treffen). Aber die Betrachtung einer Aufgabe durch mehrere Personen führt zu einem effektiveren, schnelleren Ergebnis, als wenn jeder allein in seinem Kämmerlein an einer Lösung arbeitet.

Die Zusammenarbeit mit Eltern bedeutet nicht, dass lästige Eltern sich permanent in Ihre Arbeit einmischen wollen. Die Zusammenarbeit mit Eltern hilft Ihnen auf ganz verschiedenen Wegen Ihre **Arbeit zu bereichern, zu unterstützen oder Sie zu entlasten**. Gemeinsame Regelwerke und regelmäßige Gespräche ersparen Ihnen zugespitzte Konflikte, z.B. weil die Lernschwierigkeiten eines Schülers bereits im Januar aufgetreten sind, aber erst im Mai der Elternsprechtag ist.

Die **Planung und Organisation** von Projekten mit den Eltern erspart Ihnen Arbeit, weil Eltern bestimmte Aufgaben übernehmen können, z.B. die Beschaffung von Materialien oder das Einholen von Angeboten. Ihr Projekt kann Qualität gewinnen, weil Eltern Ideen einbringen, die Ihnen selbst gar nicht eingefallen sind.

Eltern, die mit den Lehrern ihrer Kinder eng zusammenarbeiten, sind wesentlich umfassender informiert über das, was in ihrer Schule passiert. Sie identifizieren sich mit der Schule und ihrer Arbeit. Diese Eltern stehen der Schule positiv gegenüber und werden sie nach bestem Wissen und Gewissen konstruktiv in ihrer Arbeit unterstützen – sowohl in den Mitwirkungsgremien als auch in der Klasse und dem Förderverein.

Und seien Sie nicht enttäuscht, wenn der erste Elternabend nur von fünf Eltern besucht wird. War er gut, kommen beim nächsten Mal vielleicht schon zehn Eltern. Es wird auch immer wieder Eltern geben, die Ihre Hilfe nicht annehmen wollen. Das ist dann so. Wichtig ist, dass Sie auch den Kindern dieser Eltern trotzdem so gut wie möglich helfen. Bleiben Sie auch in diesen Fragen immer authentisch und verlässlich. Partnerschaft bedeutet gegenseitiges Vertrauen, Verlässlichkeit, Hilfsbereitschaft und auch, dass Eltern ebenso für Lehrer da sind und nicht nur umgekehrt. Sie sind das Vorbild! Wenn Sie verlässlich sind und Ihren Eltern zutrauen, dass Sie gemeinsam für das Wohl der Kinder aktiv werden, dann werden auch Eltern zu verlässlichen Partnern. Jeder auf seine Art und im Rahmen seiner Möglichkeiten.

Kapitel 3

Ein kritisches Fazit

Ein kritisches Fazit

Von Karin Görtz-Brose*

Wozu dieses Buch?

Aus Überzeugung, dass Schule dialogfähiger werden muss, um *besser* zu werden. Eine Sehnsucht nach befriedigenden Umgangsformen, einem *guten Schulklima*, fernab von verbalen Beleidigungen, persönlichen Verletzungen und Kränkungen.

Abgesehen von den vorhandenen bzw. nicht vorhandenen Dialogfähigkeiten bei Eltern und Lehrern, müssen auch Bedingungen in den kritischen Blick genommen werden: In den Schulen schwelt ein **Zielkonflikt,** der politisch zu verantworten ist, mit dem die Schule aber fertigwerden muss.

Jede Schule müsste deshalb über den bestehenden Antagonismus zwischen ihrer **Selektionsfunktion** und ihren **pädagogischen Ansprüchen**, ihrem Leitbild leidenschaftlich debattieren, um strukturelle Konfliktherde offenzulegen und gemeinsam innerschulische Gestaltungsräume auszuloten und weiterzuentwickeln. Die spannende Frage ist dabei, ob und wenn ja, welche Vorstellungen (Leitbilder) eine Schule entwickelt, um gleichzeitig ihrer zentralen Funktion zur Selektion

und, mit Blick auf das einzelne Kind, einer Förderkultur sowie einem guten Lern- und Schulklima gerecht zu werden.

Das Korsett, in dem die Schulen für konkrete Handlungsstrategien stecken, ist eng geschnürt und die wenigsten Schulen machen darin eine gute Figur!

Auch im 21. Jahrhundert ist in Deutschland insgesamt noch immer kein mehrheitsfähiger politischer Wille zu Gunsten einer Bildungsreform in Sicht, die sich von der Erkenntnis leiten lässt, dass eine **konsequente Förderkultur** die Leistungen zu steigern vermag, und nicht verschärfter Druck durch Selektionsmittel wie Übergangsempfehlung, Abschulung zu einer weniger „wertvollen" Schulform, Sitzenbleiben, Kopfnoten usw.

Die politische Debatte über sich offensichtlich widerstrebende Zielsetzungen – einerseits als Schule herausfinden zu müssen, welches Kind sich fälschlicherweise dort befindet und nach „unten durchgereicht" werden muss, und andererseits dem Anspruch der Eltern und Kinder, jedem Kind die gleiche Chance zu geben, erfolgreich zu lernen – wird in diesem Land nicht geführt. Das ist tragisch, insbesondere für die Kinder selbst, aber auch für die Lehrer, die sich nach ihrem Selbstverständnis als Pädagogen begreifen, denen es um die Kinder geht und nicht vorrangig um *die* Mathematik oder irgendein anderes Fach.

Der Zusammenhang von Innen und Außen, Struktur und Inhalt, dem gegliederten **hierarchischen Schulsystem in Deutschland** und dem, was sich als Konsequenz in jeder Schule, Klasse und in den Beziehungen zwischen den Beteiligten abspielt, wird von der Bildungspolitik bei ihren Reform*bemühungen* strikt ausgeblendet und führt auch deshalb mancherorts zu Stilblüten, wie jüngst in NRW geschehen:

Einerseits behält die Grundschule mit dem neuen Schulgesetz (1.8.05) ihre Funktion bei, nach der 4. Klasse die Schüler der für sie „richtigen" weiterführenden Schule zuzuführen, aber gleichzeitig sollte mit Beginn des neuen Schuljahres auf Halbjahreszeugnisse im 3. Schuljahr verzichtet werden.

Die damalige Schulministerin (SPD) zeigte sich völlig erstaunt über die Reaktion von Eltern, die auf die Halbjahreszeugnisse nicht verzichten wollten. Aus Elternsicht eine völlig naheliegende und konsequente Forderung: Viele Eltern „wissen" spätestens mit der Einschulung, manche schon immer, auf welche Schulform ihr Kind „gehört" und wollen auf die Information, welchen *Rangplatz* ihr Kind in der Klasse belegt, nicht verzichten. Die Information kann zum einen die Nerven außerordentlich beruhigen, aber zum anderen auch Anlass für Konsequenzen (Nachhilfe u.Ä.) sein, damit das Kind nicht in den Brunnen fällt.

Wie konnte die damalige Ministerin auf die Idee kommen, dass Eltern auf diese wichtige Information verzichten wollten, obwohl doch Zensuren und Zeugnisse zur Leistungsbeurteilung in der deutschen Schule dazugehören wie das Amen in der Kirche? Doch nur, wenn man (*sie*) den Nutzen der Leistungsbeurteilung für die Selektion der Kinder ausblendet!

Eltern sind diesbezüglich nicht hinter das Licht zu führen. Mit ihrer Forderung nach dem Halbjahreszeugnis orientieren sie sich lediglich an der **Leistungsideologie**, den Spielregeln des gegliederten Schulsystems in NRW: Bereits in der

3. Klasse werden die Weichen gestellt, nach der 4. ist die Klappe gefallen und der schulische Werdegang eines Kindes ist besiegelt, wobei „Aufstiege" sehr viel unwahrscheinlicher als „Abstiege" sind.

Nicht nur die äußere Struktur des Bildungssystems nimmt Einfluss auf das Innenleben einer einzelnen Schule, sondern auch ihre Funktion als **Verteilerstelle für Lebenschancen**. Eltern erhoffen in der Regel den sozialen Aufstieg für ihr Kind, auch um nicht selbst an sozialem Status zu verlieren. Bei anhaltender Lehrstellenknappheit und verschärften Bedingungen bei der Aufnahme eines Studiums ist das Gerangel um günstige Ausgangspositionen für einen beruflichen Einstieg stark verschärft – zu Lasten einer konsequenten Förderkultur in den Schulen. Dennoch, alle Eltern erwarten, dass die Schule auch ihr Kind befähigt, eine Berufsausbildung oder ein Studium zu absolvieren, um in Lohn und Brot zu kommen, mindestens auf dem eigenen sozialen Niveau.

In diesem Kontext, beschrieben als Spannungsfeld von politisch gesetzten Anforderungen an die Schule nach dem **Aschenputtel-Prinzip** „die Guten ins Töpfchen, die Schlechten in Kröpfchen", versehen mit den dafür erforderlichen Ausleseinstrumenten und der Erwartung von Eltern, dass die Schule ihr Kind zu erfolgreichem Lernen und einem konkurrenzfähigen Abschluss führen wird, finden Begegnungen zwischen Eltern und Lehrern statt.

Die Rolle, die dem Lehrer vorgegeben ist, erlaubt es ihm, seine Macht auch gegenüber den Eltern auszuspielen, was nicht heißt, dass dies auch in jeder Begegnung beabsichtigt und spürbar ist – keineswegs. Aber: Lehrerarbeit, zumeist Unterricht, wird nicht kontrolliert und bei kritischen Nachfragen etwa durch Eltern ist jeder Lehrer mit dem Argument seiner „pädagogischen Freiheit" fast ausnahmslos auf der sicheren Seite.

Folge: Noch immer wird in den Schulen (Gremien) nicht über Lehrer beraten, die offensichtlich schlechten Unterricht machen, den Kindern wenig Gutes tun, wenig engagiert sind, kein Interesse an Fortbildungen zeigen und dies alles auch nicht ändern wollen.

Wohl aber wird laut über schlechte, unfähige, aufmüpfige und verhaltensauffällige Schüler beraten. Im Unterricht, in Klassenpflegschaften, Elterngesprächen und Konferenzen, die wie Gerichtsverhandlungen ablaufen, werden gegen die Schüler Ordnungsmaßnahmen, Schulverweise und andere Disziplinierungsmaßnahmen verhängt. Allzu kritische Eltern laufen Gefahr, als schwierige Personen, Störenfriede und Meckertypen abgestempelt zu werden, die man nicht ernst nehmen muss.

Das **Ungleichgewicht von Macht** ist an unseren Schulen harte Realität und beeinflusst Beziehungen zwischen Lehrern und Schülern, Lehrern und Eltern weitreichend, indirekt auch zwischen Schülern sowie Eltern und Kindern. Nur allzu oft beschleicht Eltern ein Gefühl von Ohnmacht und „vor Gummiwände" zu laufen.

Der Appell bzw. die Verpflichtung von Eltern und Lehrern, zum Wohle des Kindes zu kooperieren, ist ein sehr hoher Anspruch an alle Beteiligten, weil er gegen die eigene Struktur (des Systems Schule) durchgesetzt werden muss. Von wem? Von allen, die ein echtes Interesse daran haben, dass aus der Ausleseschule eine Förder-schule wird, an jeder Schule eine leistungsfördernde Atmosphäre entsteht, die ausschließlich an den Erfolgserlebnissen für jeden einzelnen Schüler interessiert ist. Es gibt ermutigende Beispiele, dass einzelne Lehrer und auch ganze Schulen, wie z.B. die Laborschule in Bielefeld oder die Helene Lange Schule in Wiesbaden, auf diesem Weg sind.

„Mir ist ganz warm ums Herz", sagte eine Mutter neben mir, nachdem uns an der neuen Schule die Klassenlehrerin Frau Schwarz am ersten Klassenpflegschaftsabend begrüßt hatte und sich vorstellte. Die Botschaft an uns Eltern: *Ihr Kind ist* an dieser Schule richtig, ich danke Ihnen für das Vertrauen in unsere Schule und in mich als Lehrerin. Ich übernehme als Klassenlehrerin Verantwortung für das Wohl der Kinder!" Diese war bei allen Eltern angekommen, da, wo sie nachhaltig wirkte, im Herzen und, sicherlich nicht nur bei mir, auch im Gedächtnis.

Sie erzählte noch viel vom Zusammenwachsen der Klasse und wie sie selbst an den Beziehungen zu jedem einzelnen Kind arbeiten wird. „Unterricht ist Beziehungsarbeit. Wenn wir uns gut verstehen, lernen die Kinder auch gerne und viel", war ihre Überzeugung. Selbst Mutter von drei Kindern vertrat sie die Ansicht, dass Schüler am meisten unter Beleidigungen und Herabsetzungen durch Lehrer leiden, und ihr so etwas zuwider ist. Wie recht sie hatte! Ein ehrliches Interesse am Wohlergehen der Kinder sowie eine respektvolle Haltung gegenüber ihren „Schützlingen" und uns Eltern kam bei ihr zum Ausdruck und war der Grundstein für eine viele Jahre dauernde, vertrauensvolle Elternarbeit. Es hat in den Jahren auch schwierige Situationen gegeben, die Meinungen gingen auseinander, Tränen flossen, aber der Respekt und die Achtung voreinander ist bis heute geblieben.

Es ist die Frage nach der *Haltung* anderer Menschen gegenüber, die Schule sich stellen müsste.

**Ich pflückte eine Blume,
kletterte auf einen Baum,
band die Blume fest an den
Baum und ging weg.
Am nächsten Morgen
blühte der ganze Baum.**

Adi, 2. Schuljahr
(Aus: Gute Schule – schlechte Schule, W. Wallrabenstein, rororo 1999, S. 224)

---

* Karin Görtz-Brose ist Diplom-Psychologin und seit vielen Jahren in der Vermittlung von Jugendlichen in Ausbildungsplätze bei der IHK Arnsberg tätig. Ehrenamtlich war sie viele Jahre aktiv im Vorstand des Landeselternrates der Gesamtschulen in NRW tätig. Vor allem in ihrer Funktion als Vorsitzende des Verbandes hat sie Elternarbeit und Elternmitwirkung auf politischer Ebene, z.B. gegenüber dem Schulministerium und in Kooperation u.a. mit der Lehrergewerkschaft GEW und dem Lehrerverband VBE, aber auch mit der Bertelsmann Stiftung, etwa im Projekt Selbstständige Schule, und dem DGB in NRW, vertreten.

Literatur- und Linktipps

Ich halte es für sehr schwierig, an dieser Stelle Tipps zu Literatur und Internetangeboten zu geben. Zum einen haben Lehrer in ihrem Studium sehr viel über die Grundsätze der Kommunikation gelernt. Zum anderen tummeln sich sehr viele Anbieter auf dem Gebiet der Erziehungshilfe und sind z.T. sehr populistisch orientiert. Für mich sind **zwei Dinge** in diesem Zusammenhang sehr wichtig:

Der **erste Grund**, warum ich dieses Buch geschrieben habe, ist, dass ich der festen Überzeugung bin, dass Eltern und Lehrer grundsätzlich in der Lage sind, miteinander zu arbeiten zum Wohle der Kinder/Schüler. Es bedarf jedoch einer neuen Wahrnehmenskultur, damit sich ein Umgang in Ernsthaftigkeit und auf Augenhöhe entwickeln, festigen und „verinnerlichen" kann.

Auf dem Bildungsserver des Landes NRW (www.learn-line.nrw.de) finden sich sogenannte **„Killerphrasen"**, die jede Kommunikation verhindert. Die wichtigste für mich ist folgende: „Die … sind daran schuld!" Die Pünktchen können beliebig durch die Worte Eltern, Lehrer, Kollegen, Schüler, Politiker etc. ersetzt werden. Der Phantasie sind hier keine Grenzen gesetzt.

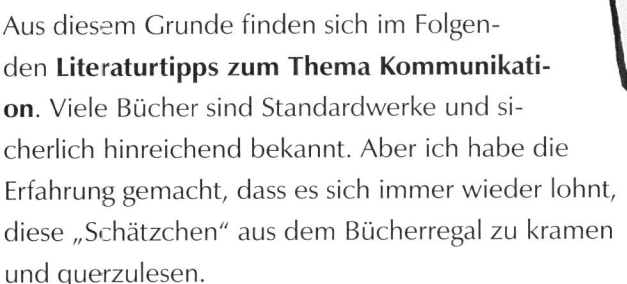

Aus diesem Grunde finden sich im Folgenden **Literaturtipps zum Thema Kommunikation**. Viele Bücher sind Standardwerke und sicherlich hinreichend bekannt. Aber ich habe die Erfahrung gemacht, dass es sich immer wieder lohnt, diese „Schätzchen" aus dem Bücherregal zu kramen und querzulesen.

Der **zweite Grund** ist, dass meine langjährige Arbeit mit Eltern immer wieder gezeigt hat, dass Mütter und Väter grundsätzlich in der Lage sind, zu erziehen. Ihnen fehlt jedoch oft das nötige Selbstbewusstsein. Sie sind verunsichert im Spagat der immer schnelllebigeren Welt, der hohen Anforderungen von außen und der einmal vorhandenen tiefen Überzeugung: Ich kann ein Kind großziehen. Lehrern geht es, wenn man realistisch und objektiv ist, nicht anders. Ihr Berufsbild hat sich geändert, die Schüler haben sich verändert, Fächer und ihre Inhalte haben sich weiterentwickelt, die Ansprüche an ihre Arbeit und an ihre Profession müssen mit diesen Änderungen Schritt halten. Schule und somit Lehrer sind nicht mehr nur Vermittler von Fachwissen, sondern auch Begleiter und Vermittler von grundsätzlichen „Lebenskompetenzen". Der Auftrag der Schule heißt Bildung UND Erziehung.

Unter den **Linktipps** finden sich daher Seiten, die sich generell mit dem Thema **Erziehung** beschäftigen.

Die Inhalte dieser Seiten zeigen, dass Regeln und Grenzen die Voraussetzung für die Vermittlung von Werten sind und wir Erwachsenen in unseren verschiedenen Rollen im Leben der Kinder und Jugendlichen unseren Teil dazu beitragen müssen, dass sie diese erfahren und lernen können.

Aber sie zeigen auch, dass diejenigen, die sich gezielt gemeinsam dieser Aufgabe stellen, stressfreier durch den (Berufs-)Alltag gehen.

Daher meine Bitte: Gehen Sie unvoreingenommen an diese Tipps heran! Legen Sie Ihre Rolle ab und sehen Sie sich als Lernender! Jeder profitiert davon, wenn er sich mit den Grundstrukturen von Kommunikation und Erziehung auseinandersetzt, denn erstaunlich viel gilt nicht nur für den Umgang mit Kindern und Jugendlichen, sondern auch für den Umgang mit Erwachsenen und umgekehrt!

Zur Erinnerung: Das menschliche Gehirn lernt am meisten durch Nachahmung!

Literatur

◼ Grundlagen der Kommunikation:

Gordon, Thomas:
Familienkonferenz.
Heyne 1999.
ISBN 3-453-02984-4

Gordon, Th.; Burch, Noel:
Die neue Beziehungskonferenz.
Heyne 2002.
ISBN 3-453-86130-2

Schulz von Thun, Friedrich:
Miteinander reden. Band 1.
Rowohlt TB 1981.
ISBN 3-499-17489-8

Schulz von Thun, Friedrich:
Miteinander reden. Band 2.
Rowohlt TB 1989.
ISBN 3-499-18496-6

Schulz von Thun, Friedrich:
Miteinander reden. Band 3.
Rowohlt TB 1998.
ISBN 3-499-60545-7

Watzlawik, Paul u.a.:
Menschliche Kommunikation.
Huber Bern 2000.
ISBN 3-456-83457-8

Klippert, Heinz:
Kommunikations-Training.
Übungsbausteine für den Unterricht.
Beltz 2005.
ISBN 3-407-62531-6

◼ Elternhaus und Schule allgemein:

Duell, Barbara; Mandac, Inge Maria:
Konflikttraining mit Eltern.
Verlag an der Ruhr 2003.
ISBN 3-86072-822-9

Heiderich, Walter; Rohr, Gerhart:
Klasse Schule – kluge Kinder.
Marixverlag 2004.
ISBN 3-937715-90-8

Neubauer, Walter u.a.:
Konflikte in der Schule.
Luchterhand 1999.
ISBN 3-472-03566-8

Riegel, Enja:
Schule kann gelingen.
Fischer 2004.
ISBN 3-10-062940-X

Links

■ Elternmitwirkung konkret:

**www.bildungsportal.nrw.de/BP/Schule/System/Recht/Vorschriften/
Schulmitwirkung/index.html**

Auf dieser Seite finden sich die gesetzlichen Grundlagen der Mitwirkung in NRW.

**www.bildungsportal.nrw.de/BP/Service/broschueren/Einfach_mit-wirken/
index.html**

Das Ministerium für Schule und Weiterbildung NRW stellt in der Broschüre
„Einfach mitwirken" die Mitwirkungsmöglichkeiten von Eltern in Schule dar.

**www.anschub.de/cps/rde/xchg/SID-0A000F0A-73DC1664/anschub/
hs.xsl/9100.htm**

Im Projekt „Anschub" der Bertelsmann Stiftung finden sich unter dem Titel „Prima Klima! – Miteinander die gute gesunde Schule gestalten" fünf Praxismodule
zur Elternbeteiligung. Das vorliegende Material
enthält Anregungen und Impulse für eine
Veränderung der verschiedenen „schulischen
Klimazonen", wie z.B. Kommunikationsklima,
Sozialklima, Lern- und Lehrklima, Personalkli-
ma und Beziehungsklima.

www.elternmitwirkung.ch

Die Schweiz hat die Ressourcen der
Eltern erkannt und bindet diese aktiv
in den Schulalltag, in die Schulent-
wicklung ein. Hier sind viele Beispiele aufgezeigt
und weitere interessante Seiten aus der Schweiz zu finden.

www.eurydice.org/Documents/Parents/de/FrameSet.htm

Diese Seite enthält eine Dokumentation der Elternrechte im europäischen
Vergleich.

www.verbraucherzentrale.de

Hier können Sie die Broschüre „Alle Tage Schule" unter der Bestellnummer
HH 32 bestellen.

■ Angebote zur Unterstützung elterlicher Erziehung und zu Elterngesprächen:

www.toolbox-bildung.de/Schueler-Lehrer-Elterngespraeche_zur_individuellen_Foerderung.271.0.html

Eine sehr gute und innovative Toolbox zum Thema Schulklima und Schulkultur im Projekt „Netzwerk innovativer Schulen" der Bertelsmann Stiftung.

www.learn-line.nrw.de/angebote/schulberatung/main/medio/lernprogramm/index.html

Das Landesinstitut für Schule in NRW bietet auf diesen Internetseiten ein Fortbildungsangebot für Lehrer zum Thema „Elterngespräche" an.

www.schulpsychologie.de/lehrer/elterngespraech.htm

Eine Seite für Lehrer mit Beispielen und Hinweisen, aber auch einer Satire zum Thema Elterngespräche.

www.bildungsportal.nrw.de/BP/Service/broschueren/Erziehung_staerken/index.html

Das Ministerium für Schule und Weiterbildung NRW stellt in der Broschüre „Erziehung stärken" 22 Praxisbeispiele zur Zusammenarbeit von Schule, Elternhaus, Jugendarbeit und lokalen Organisationen und Vereinen in Erziehungsfragen vor.

www.freiheit-in-grenzen.org

Freiheit in Grenzen ist eine interaktive CD-ROM zur Stärkung der Erziehungskompetenzen für Eltern von Jugendlichen oder Kindern zwischen 6 und 12 Jahren.

www.dksb.de

Auf den Seiten des Deutschen Kinderschutzbundes finden Sie Angebote für die Elternkurse „Starke Eltern – Starke Kinder?", um den Eltern Tipps und Praxishilfen bei der Umsetzung einer gewaltfreien, anleitenden Erziehung zu bieten.

www.familienhandbuch.de

Das Online-Familienhandbuch mit mehrsprachigen Beiträgen zu folgenden Themen: Erziehungsfragen, Aktivitäten mit Kindern, Gesundheit, Ernährung usw.

Verlag an der Ruhr

Elternhaus und Schule

So helfe ich meinem Kind beim Lernen

Kinder zu Hause motivieren und unterstützen

Garry Burnett, Kay Jarvis
6–12 J., 149 S., 16 x 23 cm, Pb.
ISBN 3-8346-0049-0
Best.-Nr. 60049
12,80 € (D)/13,15 € (A)/22,40 CHF

Elternhaus und Schule

Die 1-2-3-Methode für Eltern

Konsequent fördern und zum Lernen motivieren

Thomas W. Phelan
2–14 J., 250 S., 16 x 23 cm, Pb.
ISBN 3-8346-0048-2
Best.-Nr. 60048
16,50 € (D)/17,– € (A)/28,90 CHF

Elternhaus und Schule

Konflikttraining mit Eltern

Das Kooperationsprogramm für Schule und Elternhaus

Barbara Duell, Inge Maria Mandac
Für alle Altersstufen,
213 S., A4, Pb. mit CD-ROM,
108 S. Arbeitsmaterialien auf der CD
ISBN 3-86072-822-9
Best.-Nr. 2822
24,50 € (D)/25,20 € (A)/42,90 CHF

Erste Hilfe Schulalltag

Der Elternabend

Wolfgang Hund
Für alle Schulstufen
60 S., A4, Papph.
ISBN 3-86072-460-6
Best.-Nr. 2460
17,50 € (D)/18,– € (A)/30,70 CHF

Verlag an der Ruhr   Bücher für die pädagogische Praxis

Postfach 10 2251 • D–45422 Mülheim an der Ruhr
Tel.: 0208/495040 • Fax: 0208/4950495
E-Mail: info@verlagruhr.de